जनसंपर्क की व्यावहारिक मार्गदर्शिका

जनसंपर्क की व्यावहारिक मार्गदर्शिका

रवि मोहन

अनुवाद

डॉ. सुभाष चन्द्र शर्मा

वाणी प्रकाशन

वाणी प्रकाशन
4695, 21-ए, दरियागंज, नयी दिल्ली 110 002

शाखा
अशोक राजपथ, पटना 800 004

फ़ोनः +91 11 23273167 फ़ैक्सः +91 11 23275710

www.vaniprakashan.in
vaniprakashan@gmail.com

JANSAMPARK KI VYAHARIK MARGDARSHIKA
by Ravi Mohan

ISBN : 978-93-5000-429-6

संस्करण 2018

मूल्य : ₹ 400

आर.टेक ऑफ़सेट, प्रिंटर्स, दिल्ली-110 032 में मुद्रित

वाणी प्रकाशन का लोगो मक़बूल फ़िदा हुसेन की कूची से

अनुक्रम

प्रस्तावना	7
आक्रामक जनसंपर्क	9
जनसंपर्क की नई परिभाषा	12
बाहरी मीडिया और उपकरण	20
आंतरिक मीडिया और उपकरण	80
प्रेस कानून	88
जनसंपर्क में कैरियर	96
संकट में जनसंपर्क	102
नया मीडिया	123
पारिभाषिक शब्द	129
शब्दावली	141
परिशिष्ट	143
ग्रंथसूची	158

प्रस्तावना

उपग्रह-संचार और इंटरनेट के आगमन से, जनसम्पर्क कार्य में व्यापक परिवर्तन हुए हैं। पूर्व में मीडिया प्रेस, टी.वी. और आकाशवाणी तक सीमित था परंतु अब इसका क्षेत्र असीमित हो गया है।

किसी भी संस्था के जनसम्पर्क अधिकारी (Public Relations Officer) को आजकल विशिष्ट लक्ष्य समूहों तक पहुँचने के लिए हर सम्भव मीडिया का प्रयोग करना पड़ता है। शायद, यही एकमात्र क्षेत्र है जहाँ योग्यताएँ पत्रकारिता, विज्ञापन और जनसम्पर्क से रेडियो लेखन, टी.वी. पत्रकारिता, ऑनलाइन जनसम्पर्क और अंत में वेब जनसम्पर्क अधिकारी तक पहुँच गई हैं।

यह एक अनोखा क्षेत्र है जिसे जनसंचार माध्यम (mass media) की चकाचौंध के कारण गैर-जनसम्पर्क क्षेत्र के प्रत्येक दूसरे विशेषज्ञ द्वारा पसंद किया जाता है।

समय के साथ-साथ प्रोपेगेंडा से जनसम्पर्क के प्रचार तक व्यापक परिवर्तन हुआ है और जनसम्पर्क की गतिविधि पूर्णरूप से एक नियोजित गतिविधि हो गई है ताकि सार्थक वांछित परिणाम प्राप्त किए जा सकें।

वर्ष 2006 में मैंने Public Relations : A Practical Guide नामक पुस्तक लिखी थी। उसके पश्चात मैंने यह महसूस किया कि इसका हिंदी संस्करण भी प्रकाशित होना चाहिए जो हिंदी भाषी पाठकों के लिए उपयोगी हो। अतः इस पुस्तक का हिंदी अनुवाद आपके समक्ष प्रस्तुत है।

भारत में विभिन्न केस अध्ययनों पर आधारित जनसम्पर्क पर यह पुस्तक मूलरूप से एक मार्गदर्शिका है।

इसमें केवल ऐसे केस शामिल किए गए हैं जिनका सामना जनसम्पर्क के विद्यार्थी रोजाना करते हैं। प्रत्येक केस को सरलता से समझा जा सकता है क्योंकि जनसम्पर्क विशेषज्ञ के लिए विभिन्न विकल्प प्रदान करने और समस्या का समाधान करने हेतु अंतिम विकल्प को चुनने का प्रयास किया गया है। इस पुस्तक में उन विभिन्न माध्यमों पर बल दिया गया है जिनका प्रयोग जनसम्पर्क व्यावसायिक

(professionals) विभिन्न स्थितियों में करते हैं। अधिकांश मामलों में जनसम्पर्क व्यावसायिक को विभिन्न विभागों के तालमेल से कार्य करना होता है ताकि सर्वोत्तम संभावित परिणाम प्राप्त किया जा सके। यह पुस्तक विशेषरूप से विज्ञापन, जनसम्पर्क और पत्रकारिता एवं जनसंचार के उन विद्यार्थियों के लिए लाभदायक है जो जनसम्पर्क के क्षेत्र में कार्य करना चाहते हैं।

जिन केसों को पुस्तक में प्रस्तुत किया गया है, वे मुख्यरूप से भारत पम्प्स एंड्र कंप्रेसर्स लिमिटेड (बी.पी.सी.एल), बदरपुर थर्मल पावर स्टेशन (बी.टी.पी.एस.) और इन्दिरा गांधी राष्ट्रीय मुक्त विश्वविद्यालय (इग्नू) से सम्बन्धित हैं। तथापि जिन रणनीतियों का प्रयोग किया गया है, वे किसी भी निजी क्षेत्र अथवा सरकारी क्षेत्र में लागू होती हैं।

मैं, इन्दिरा गांधी राष्ट्रीय मुक्त विश्वविद्यालय (इग्नू) के कुलपति प्रो. वी.एन. राजशेखरन पिल्लै, राष्ट्रीय स्वास्थ्य एवं परिवार कल्याण संस्थान की डॉ. बामजेई और इग्नू के संचार केंद्र की डॉ. किरन बंसल का कृतज्ञ हूँ जिनकी प्रेरणा के बिना यह पुस्तक कभी पूरी नहीं हो सकती थी। मैं इग्नू के सहायक कुलसचिव (अनुवाद) डॉ. सुभाष चन्द्र शर्मा का भी आभारी हूँ जिन्होंने इस पुस्तक का अनुवाद किया है। मैं इग्नू की सुश्री भगवती झा का धन्यवाद करता हूँ जिन्होंने अंतिम कैमरा रेडी कापी (CRC) का कंप्यूटर पर टाइप करने का कार्य किया है।

–रवि मोहन
मुख्य जनसंपर्क अधिकारी
इन्दिरा गांधी राष्ट्रीय मुक्त विश्वविद्यालय
मैदान गढ़ी, नई दिल्ली-110 068
(कार्यालय) : 011-29532321
(मोबाइल) : 9811941360
E-mail : cpro@indiatimes.com

आक्रामक जनसंपर्क

विश्व में जब जनसम्पर्क ने 1917 में अपनी जड़ें जमाईं तभी से इसने लंबी दूरी तय की है। इसकी प्रासंगिकता को आज भारत में एक प्रतिष्ठित शैक्षिक संस्था में जनसम्पर्क के पद के लिए निम्नलिखित वास्तविक साक्षात्कार से मापा जा सकता है। साक्षात्कार बोर्ड ने एक उम्मीदवार से पूछा—"जब प्रेस में सुबह आपके संस्थान के बारे में कोई हानि पहुँचानेवाला समाचार निकले तो आप क्या करेंगे?"

उम्मीदवार के उत्तर ने साक्षात्कार बोर्ड के सदस्यों को चकरा दिया, उसने कहा," मैं उसी दिन और अधिक महत्त्वपूर्ण समाचार जारी करके उस समाचार को बरबाद कर दूँगा।"

बोर्ड के सदस्यों ने उससे पूछा कि आपके संगठन के बारे में छपे समाचार को नष्ट करना क्या नैतिकतापूर्ण है? जिसका उत्तर उसने इस प्रकार दिया, "महोदय, हमें वेतन किसलिए दिया जाता है?" इसीलिए न?

बोर्ड के सदस्य हालाँकि स्पष्ट नहीं थे कि समाचारपत्रों में समाचार प्रकाशित होने के बाद भी यह कैसे किया जा सकता है। उन्होंने उम्मीदवार से किसी भी केस (मामले) के बारे में उदाहरण देने को कहा जोकि उसने पहले निपटाया हो क्योंकि बोर्ड के सदस्यों ने महसूस किया कि किसी भी समाचार को केवल उसके प्रकाशन से पहले निष्प्रभावी किया जा सकता है, न कि उसके प्रकाशित होने के बाद।

उम्मीदवार ने जो केस बताया उसे नीचे प्रस्तुत किया गया है। यद्यपि इस पर वाद-विवाद हो सकता है कि इस प्रकार का आक्रामक जनसम्पर्क किसी संगठन के हितों की रक्षा करने के लिए उचित है अथवा नहीं, परंतु सच तो यह है कि उम्मीदवार को सर्वसम्मति से चुन लिया गया।

केस-1

बदरपुर थर्मल पावर स्टेशन (बी.टी.पी.एस.) दिल्ली की लगभग 60% विद्युत आवश्यकता की पूर्ति करता है जिसके संयंत्र दक्षिणी दिल्ली में स्थापित हैं।

एक सुबह की बात है, एक प्रमुख समाचारपत्र के आधे पृष्ठ पर बदरपुर थर्मल पावर स्टेशन के बारे में एक लेख निकला जिसमें दो चिमनियों के चित्र थे। इसमें निकटवर्ती संयंत्र द्वारा उत्पन्न हो रहे प्रदूषण का विस्तृत ब्यौरा दिया गया था और वहाँ के निवासी यह बता रहे थे कि उनके घरों में जमा होने वाली राख के कारण दमा, खांसी आदि हो जाते हैं और उन्हें अपने घरों को कम से कम तीन बार साफ करना पड़ता है क्योंकि राख सारे घर को ढक लेती है।

संसद का सत्र चल रहा था और चूँकि लेख रविवार की सुबह प्रकाशित हुआ था, इसलिए प्रदूषण को नियंत्रित करने में बदरपुर थर्मल पावर स्टेशन द्वारा किए जा रहे प्रयासों के सम्बन्ध में राजनेताओं से पूछताछ/शंकाओं और आपत्तियों का उत्तर सोमवार को दिया जाना था।

प्रबंधन (management) के समक्ष कुछ विकल्प थे :

- सबसे पहले पाठकों/प्रेस को राख बंध (ash bands) और संयंत्र के चारों ओर हरित पट्टी (green belt) बनाने के बारे में सूचित करना था।

- दूसरे, इस बात पर बल देना था कि इसकी दोनों चिमनियों की ऊँचाई कुतुब मीनार की ऊँचाई से तीन गुणा है (इन्द्रप्रस्थ पावर स्टेशन के बिल्कुल विपरीत, जिसकी ऊँचाई बहुत कम है जिसके कारण आई.टी.ओ. और प्रगति मैदान में प्रदूषण उत्पन्न हो रहा है), इसलिए धुंआ विस्तृत स्थानीय क्षेत्र में चला जाता है और फैल जाता है।

- तीसरे, स्थिर-विद्युतिकी अवक्षेपक (इलेक्ट्रोस्टेटिक प्रिसिपीटेटर्स) स्थापित किए गए थे जो अत्यधिक सीमा तक धुएँ को नियंत्रित करते हैं।

सर्वप्रथम, जनसपंर्क अधिकारी ने यह पता लगाने का निर्णय लिया कि प्रेस में कितनी बार इस प्रकार के समाचार प्रकाशित होते हैं। महाप्रबंधक द्वारा सूचित किया गया कि हर वर्ष इस प्रकार के समाचार छपते हैं और बदरपुर थर्मल पावर स्टेशन को अपना बचाव करना पड़ता है। फिर जनसम्पर्क अधिकारी ने पूछा कि स्थिर-विद्युतिकी अवक्षेपक प्रभावकारी ढंग से प्रदूषण को क्यों नहीं नियंत्रित कर रहे हैं। सूचित किया गया कि वे सही ढंग से कार्य नहीं कर रहे हैं क्योंकि संयंत्र पुराना है और इसे आधुनिक बनाए जाने की आवश्यकता है। परंतु धन के अभाव के कारण इसे आरंभ नहीं किया जा सकता। धन का अभाव क्यों? क्योंकि बदरपुर थर्मल पावर स्टेशन ने दिल्ली विद्युत प्रदाय संस्थान (Delhi Electricity Supply Undertaking) को जो बिजली दी थी, उस बिजली के कई करोड़ रुपए की राशि का भुगतान दिल्ली विद्युत प्रदाय संस्थान ने नहीं किया है।

जनसम्पर्क अधिकारी ने तत्काल आंकड़े प्राप्त किए और पाया कि यह देय राशि 500 करोड़ रुपए है। यही एक प्रमुख समाचार था क्योंकि इस राशि से बदरपुर

थर्मल पावर स्टेशन के आकार के बराबर विद्युत संयंत्र बनाया जा सकता है। दिल्ली विद्युत प्रदाय संस्थान द्वारा जो कारण बताया गया वह यह था कि उसके पास भुगतान करने के लिए धनराशि नहीं है परंतु उन्हें बिजली अवश्य दी जाती रहनी चाहिए। अतः बदरपुर थर्मल पावर स्टेशन हमेशा घाटे में रहा और आलोचना झेलता रहा तथा इसे प्रदूषण को नियंत्रित करने के लिए आधुनिक नहीं किया जा सका। इस समाचार को प्राप्त करने के बाद, जनसम्पर्क अधिकारी ने महाप्रबंधक से मंजूरी ली और रविवार शाम को, एक समाचार एजेंसी के माध्यम से निम्नलिखित समाचार प्रसारित हुआ :

दिल्ली विद्युत प्रदाय संस्थान पर बदरपुर थर्मल पावर स्टेशन का 500/- करोड़ रुपया बकाया

दिल्ली विद्युत प्रदाय संस्थान पर बदरपुर थर्मल पावर स्टेशन द्वारा आपूर्ति की गई बिजली की 500 करोड़ रुपए की भारी राशि बकाया है।

यही मुख्य कारण है कि संयंत्र, दक्षिणी दिल्ली में प्रदूषण नियंत्रित करने के लिए अपने उपस्करों (equipments) का आधुनिकीकरण करने में सफल नहीं हो पा रहा है यद्यपि यह अनेक उपाय कर रहा है जैसे, राख में पानी मिलाकर निकटवर्ती क्षेत्रों में राख के बंध बनाना। यदि दिल्ली विद्युत प्रदाय संस्थान अपनी देय राशि का भुगतान कर दे तो यह राजधानी में बेहतर ढंग से कार्य कर सकता है।

यह समाचार जनसम्पर्क अधिकारी द्वारा जारी किया गया जो कि प्रेस विज्ञप्ति नहीं था क्योंकि यह दिल्ली विद्युत प्रदाय संस्थान को बुरा लग सकता था बल्कि इसे समाचार के रूप में एक समाचार एजेंसी के माध्यम से जारी क्रिया गया।

यह समाचार सोमवार को लगभग 12 समाचारपत्रों में प्रकाशित हुआ। कुछ समाचारपत्रों ने इसे बाक्स में और अन्य समाचारपत्रों ने इसे आवरण पृष्ठ (cover page) पर छापा। सरकार का ध्यान बदरपुर थर्मल पावर स्टेशन के प्रदूषण के समाचार से हटकर दिल्ली विद्युत प्रदाय संस्थान की ओर गया तथा देय राशि को वसूलने की प्रक्रिया नियमित आधार पर आरंभ हो गई। इस दौरान दैनिक समाचारपत्र में पिछले समाचार को किसी ने याद नहीं किया।

* *

जनसम्पर्क की नई परिभाषा

जनसम्पर्क की क्षमता की भविष्यवाणी निम्न प्रकार से की जा सकती है :

''**फाइनेंशियल टाइम्स** के सह-संपादक, मार्टिन वुल्फ के अनुसार, भारत वर्ष 2050 तक विश्व की सबसे बड़ी अर्थव्यवस्था के रूप में उभरेगा। वुल्फ यह भी भविष्यवाणी करते हैं कि भारत 2025 तक सकल घरेलू उत्पाद के मामले में संयुक्त राज्य और चीन से भी आगे निकल जाएगा। इससे भी ऊपर **बिजनेस वीक** दावा करता है कि जो अब चीन और भारत में घटित हो रहा है, उसके लिए निकटतम ऐतिहासिक उदाहरण **पर्सनल कम्प्यूटर क्रांति** है जो 1970 के दशक और 1980 के दशक के पूर्वार्ध में हुई थी। भारत की जनसंख्या विश्व की जनसंख्या के छठे भाग के निकट है। अतः भारत विश्व का सबसे बड़ा उपभोक्ता बाजार बनने के लिए बिल्कुल तैयार है। खाद्य वस्तुएँ, शैंपू और लांड्री डिटरजेंट से लेकर उच्च तकनीक की सूचना प्रौद्योगिकी के उत्पाद भारत के उभर रहे 20 करोड़ मध्यम वर्ग के दिमागों में शीघ्र ही छा जाएँगे। अब पुराने विपणन के दृष्टिकोणों को इस विकासशील अर्थव्यवस्था के अनुकूल बनाने के लिए नए दृष्टिकोणों के पक्ष में निकाल बाहर करना होगा। जनसम्पर्क और इसके आवश्यक सुव्यवस्थित नए प्रभाव भारत में प्रवेश कर रहे नए ब्रांडों (मार्का) का नेतृत्व करेंगे।''

जनसम्पर्क की अवधारणा भारत में एक दशक से कुछ अधिक समय की है और इसका श्रेय भारत में 1991-92 के बाद बहुराष्ट्रीय कंपनियों के प्रवेश को दिया जा सकता है। हेटेल एडेसरा का कहना है कि बहुराष्ट्रीय कंपनियों के कारण भारतीय उद्योग ने आखिरकार यह मान लिया है कि इन विशाल कंपनियों ने संचार की अवधारणा का प्रयोग सरकारों, ब्रांडों और पहचानों को बनाने या बिगाड़ने में कारगर ढंग से किया है।

संस्थाओं के जनसम्पर्क विभागों और स्वतन्त्र एजेंसियों को संचार कार्यक्रमों का कार्यान्वयन करने के लिए एक-दूसरे के सहयोग से काम करने की आवश्यकता पड़ती है। परफेक्ट रिलेंशस के परामर्श सहभागी दिलीप चेरियन कहते हैं कि ''संस्था

की टीम के लाभ हैं : 'शीघ्र अवसर का पता लगाना'-अर्थात एक ऐसा व्यक्ति हो जो योजना चरण पर 'संचार के परिप्रेक्ष्य', आगामी अवसरों के लिए अग्रिम चेतावनी और एजेंसी तथा कंपनी के वरिष्ठ प्रबंधन के बीच एक आदर्श संयोजक (coordinator) की दृष्टि से देखे। दूसरी ओर, एजेंसी के पास उच्च अधिकारी का विरोध करने का जोखिम उठाते हुए मुख्य कार्यकारी अधिकारी (Chief Executive Officer) को निष्पक्ष सलाह देने के लिए बुद्धि और विश्वास होना चाहिए।'' जिनेसिस के जनसम्पर्क की प्रिंसिपल और संस्थापक प्रेमा सागर कहती हैं कि ''पहले अधिकांश जनसम्पर्क प्रतिष्ठान मीडिया संपर्कों पर मुख्यरूप से ध्यान केंद्रित करते थे। पहले ग्राहक जनसम्पर्क प्रतिष्ठानों से केवल मीडिया सम्पर्क सहयोग उपलब्ध कराने की अपेक्षा रखते थे–''मेरे उत्पाद को लांच करने के लिए संवाददाता सम्मेलन से कितने लेख आए हैं?'' अब दोनों ओर से मन बदल रहा है। आज जनसम्पर्क वास्तव में कार्पोरेट और ब्रांड प्रतिष्ठा बनाने का एक उत्प्रेरक है। इसमें बाहरी कार्यक्रम भी शामिल हैं जो अवधारणाओं को बदलने के लिए लक्ष्य समूह को मुख्य संदेश देते हैं।

भारत में जनसम्पर्क के विकास के वर्तमान चरण में, ग्राहकों को एक ही स्थान पर जनसम्पर्क समाधान प्रदान करना, उपभोक्ताओं से भागीदारों तक सभी प्रमुख लक्ष्य समूहों पर ध्यान देना एक बड़ी चुनौती है अर्थात प्रेस सम्पर्क एजेंसियों की अपेक्षा महत्त्वपूर्ण जनसम्पर्क समाधानों की ओर बढ़ना है।''

''संचार के नए उपकरणों अर्थात वेबसाइट, ई-मेल, सीडी-रोम आदि की जैसे-जैसे स्वीकार्यता बढ़ती है, वैसे-वैसे प्रभावकारी ढंग से उनका प्रयोग करने के लिए जनसम्पर्क प्रतिष्ठानों की योग्यता बढ़ती है।'' (Indian television.com's perspectives).

जनसम्पर्क को अब मानव संसाधन विकास, विपणन, वित्त अथवा उत्पादन जैसा विशिष्ट क्षेत्र माना जाता है।

पहले, इसे किसी संगठन में कार्मिक विभाग अथवा व्यावसायिक या विपणन विभाग का एक भाग माना जाता था। परंतु अब ऐसा नहीं है। जनसम्पर्क अब एक पूर्ण विकसित क्रियाकलाप है जिस पर उच्च प्रबंधन को निरंतर ध्यान देने की आवश्यकता होती है और इलैक्ट्रानिक मीडिया के आने से, इस कार्य को भारत में व्यापक स्वीकृति मिली है।

जनसम्पर्क संस्थान, ब्रिटेन ने जनसम्पर्क की परिभाषा इस प्रकार दी है : ''यह संगठन और इसके लक्ष्य समूह के बीच परस्पर सूझबूझ पैदा करने और उसे बनाए रखने का सुविचारित, नियोजित और सतत प्रयास है।''

अतः इससे पता चलता है कि जनसम्पर्क अनिवार्य रूप से सूचना के प्रचार-प्रसार के माध्यम से किसी व्यक्ति, प्रतिष्ठान अथवा संस्थान तथा समुदाय के

बीच सम्बन्ध और सदिच्छा का संवर्धन करने का कार्य है। इसे किसी संस्था अथवा व्यक्ति के लिए किसी विचार, किसी उद्देश्य (कार्य), किसी समस्या हेतु समर्थन हासिल करने, सहायता जुटाने अथवा प्राप्त करने की आवश्यकता पड़ती है।

यह जनमत से व्यवहार करने में दोतरफा संचार का प्रयोग करता है। प्रथम, यह संगठन के प्रति जनता की अभिवृत्तियों का आकलन करता है, फिर यह जनता की सूझबूझ और प्रबंधन के दृष्टिकोण की स्वीकृति में शामिल होने के लिए संचार कार्यक्रमों को निष्पादित करता है।

अतः जनसम्पर्क का उद्देश्य संगठन और इसके आंतरिक तथा बाहरी लक्ष्य समूह के बीच सौहार्दपूर्ण सम्बन्ध उत्पन्न करना है।

इस प्रकार इसके चार प्रमुख तत्व हैं अर्थात दोतरफा संचार, पारस्परिक सूझबूझ, जनमत का ध्यान रखना और सामाजिक दायित्व। ये अंतरसम्बन्धित और परस्परव्यापी हैं।

उदाहरण के लिए, कोई भी विनिर्माण संगठन विभिन्न दिशाओं से दबावों में होता है : जैसे ग्राहक सामान की कम से कम कीमत देना चाहता है। श्रमिक इन वस्तुओं का उत्पादन करने के लिए अधिक से अधिक वेतन चाहता है। शेयरधारक सामान बनाने के लिए प्रयोग की जानेवाली मशीनरी में अपने निवेश के लिए अधिकतम लाभांश (dividend) अथवा लाभ चाहता है, सरकार आपसे चाहती है कि आप जो सामान बेच रहे हैं, उस पर बिक्री कर और उत्पाद कर का भुगतान करें। प्रत्येक वर्ग के दिमाग में अपने हित रहते हैं।

इन सामान्य हितों का समाधान करना जनसम्पर्क का अनिवार्य भाग है क्योंकि इन हितों को पूरा करना ही संगठन की निरंतर सफलता के लिए अत्यंत जरूरी है। यह केवल दोतरफा संचार, पारस्परिक सूझबूझ और आंतरिक तथा बाह्य जनमत एवं सामाजिक दायित्व के द्वारा किया जाता है जिसमें सामाजिक कार्यों का संवर्धन करना शामिल है जैसे मकान, छात्रवृत्ति और स्थानीय घटनाओं को प्रायोजित करना।

जनसम्पर्क मूलरूप से संचार की वह प्रक्रिया है जिसमें संगठन पर बल दिया जाता है और इसका उद्देश्य संगठन और इसके लक्ष्य समूह के बीच सदिच्छा समझबूझ और सहयोग विकसित करना है।

जनसम्पर्क ग्राहक की ओर से मीडिया के माध्यम से लक्ष्य समूह तक संदेशों को पहुँचाने का कार्य है। इसका उद्देश्य लक्ष्य समूह के विचारों को प्रभावित करके उनके कार्यों को बदलना है। जनसम्पर्क व्यवहारी आमतौर पर लक्ष्य समूहों के केवल कुछ भागों को ध्यान में रखते हैं क्योंकि इस प्रकार के विचार एक पूरे समाज की बजाए लोगों के एक समूह द्वारा आदान-प्रदान किए जाते हैं। तथापि विभिन्न

लक्ष्य समूहों का विभिन्न संदेशों के साथ ध्यान रखते हुए समग्र लक्ष्य प्राप्त करने के लिए जनसम्पर्क व्यवहारी व्यापक विचार और व्यवहार में परिवर्तन प्राप्त कर सकते हैं।

कभी-कभी जनसम्पर्क के लिए प्रोपेगेंडा और प्रचार (publicity) जैसे शब्दों का प्रयोग किया जाता है। जनसम्पर्क संचार की दोतरफा प्रक्रिया (two way process of communication) है जिसमें पर्याप्त प्रतिपुष्टि (feedback) होती है जबकि प्रोपेगेंडा एकतरफा संचार (one way communication) है जिसमें बहुत कम प्रतिपुष्टि होती है। वास्तव में यह आक्रामक संचार (aggressive communication) है। प्रोपेगेंडा में किसी व्यक्ति की विचारधारा को बदलना होता है और जनता पर नए विचारों को थोपना होता है।

इसी प्रकार प्रचार भी एकतरफा संचार प्रक्रिया है तथा इसकी भी कम प्रतिपुष्टि होती है। विज्ञापन के विपरीत प्रचार में बिना भुगतान का (निःशुल्क) समाचार होता है जो पाठकों अथवा श्रोताओं या दर्शकों के लिए रोचक होता है जबकि विज्ञापन संचार का सभुगतान रूप (सशुल्क) और प्रायोजक (sponsor) के माध्यम से विचारों, वस्तुओं और सेवाओं की प्रस्तुति होता है। इनमें व्यक्ति, संस्थाओं, पक्षकार (party) अथवा संगठन आदि के विकास अथवा संवर्धन पर बल दिया जाता है जबकि जनसम्पर्क में संचार प्रक्रिया की प्रतिपुष्टि अनिवार्य है और एक सफल संचारक (communicator) को प्रापक (receiver) से यह जानना होता है कि कौन से संदेश प्राप्त नहीं हो रहे हैं और आगे संचार की संरचना किस प्रकार की जाए।

जनसम्पर्क के उद्देश्य सरकार के अन्य विभागों के उद्देश्यों की तरह परिणामोन्मुख होने चाहिए। बोस्टन रैड सॉक्स पीचर जॉनी सेन ने ठीक ही कहा है कि ''कोई भी व्यक्ति प्रसव पीड़ा के बारे में नहीं सुनना चाहता, परंतु प्रत्येक व्यक्ति शिशु को देखना चाहता है।''

ऐसे उद्देश्य अथवा भौतिक लक्ष्य जिन्हें सामान्यतौर पर पूर्णतया सांख्यिकीय शब्दावली में समझा जाता है, जनसम्पर्क के मामले में उन्हें प्राप्त करने में सफलता नहीं मिल पाती। जनसम्पर्क से जुड़े व्यक्ति को एक नियोजित ढंग से अपने व्यावहारिक उद्देश्यों और कार्यनीतियों को प्राप्त करने के लिए बिल्कुल स्पष्ट होना चाहिए।

हमें यह नहीं भूलना चाहिए कि अन्य सभी कार्यकलापों की तरह, आर्थिक और सामाजिक परिवर्तन लाने के लिए राष्ट्रीय प्रतिबद्धता को पूरा करने हेतु जनसम्पर्क कार्यकलाप का मूल उद्देश्य जनता की सेवा करना है तथा संचार लोकतंत्र का सर्वाधिक महत्त्वपूर्ण उपकरण है। लोकतंत्र बुनियादी रूप से कानून का शासन है और वास्तविक शक्ति (सत्ता) जनता के पास होती है। एक लोकतांत्रिक ढांचे में जनमत (public opinion) सत्ता पर नियंत्रण करता है। यदि उपयुक्त संचार हो तो

तभी हमारे पास कानून का शासन हो सकता है। चूँकि जनसम्पर्क संचार की प्रक्रिया है, इसलिए लोकतंत्र में जनसम्पर्क का अत्यंत महत्त्व है।

इस प्रकार जनसम्पर्क के काम करने की पद्धति अन्य आम विभागों के काम करने की पद्धति से बिल्कुल विपरीत है। जनसम्पर्क विभाग की एक उत्कृष्ट विशेषता यह है कि इसे उन स्थितियों का सामना करना पड़ता है जिनका अनुमान नहीं लगाया जा सकता। स्पष्ट रूप से तीव्र कार्रवाई और परिणामों पर बल दिया जाता है तथा जनसम्पर्क में समय एक महत्त्वपूर्ण स्थान रखता है।

जनसंपर्क योजना

किसी भी कार्यक्रम के लिए एक जनसम्पर्क योजना पहले से ही तैयार की जाती है। यह दिन-प्रतिदिन आधार पर संचालित नहीं की जा सकती। सफल होने के लिए निम्नलिखित चार चरणों की प्रक्रिया का पालन करना जरूरी है :

चरण I : तथ्य अन्वेषण (Fact finding)
चरण II : नियोजन (Planning)
चरण III : कार्यान्वयन (Implementation)
चरण IV : मूल्यांकन (Evaluation)

सभी जनसम्पर्क नियोजनों में, चाहे सरकारी अथवा निजी संगठन, कोई प्रतिष्ठान, कोई कंपनी अथवा संघ हो, ये संगठनात्मक आवश्यकताओं का निर्धारण करते हैं तथा उद्देश्यों को निर्धारित करना एक प्राथमिक कार्य हो जाता है।

जनसम्पर्क व्यवहारी को फाइलों और सरकारी रिपोर्टों में मौजूदा नीतियों को देखना चाहिए। चीफ एक्जेक्यूटिव से नीचे तक के कार्मिकों, संगठन के अंदर और बाहर लोगों से बातचीत करनी चाहिए और संगठन की स्थिति के बारे में बुनियादी तत्वों का पता लगाना चाहिए। विशेष बल देते हुए संगठन लक्ष्य समूह को परिभाषित करें और संचार माध्यम (communication channel) का मूल्यांकन करें। उसके बाद जनसम्पर्क व्यवहारी उचित आवश्यकताओं का निर्धारण करने के लिए तत्पर होगा और जनसम्पर्क उद्देश्यों को निर्धारित कर सकेगा।

योजनाएँ प्रबंधन के समस्त उद्देश्यों के संदर्भ में यथार्थवादी होनी चाहिए। नियोजन प्रक्रिया सम्बन्धी कार्रवाई का विश्लेषणात्मक सोपान कार्यक्रम निम्नलिखित है :

1. स्थिति का मूल्यांकन अथवा विश्लेषण
2. उद्देश्यों का निर्धारण
3. जनता की पहचान
4. मीडिया और जनसम्पर्क कार्यकलापों का चयन
5. बजट निर्धारण; और

6. प्रचार (campaign) के परिणामों का मूल्यांकन

जनसम्पर्क विभाग, जिस संगठन से जुड़ा होता है, उसे स्वयं को संगठन में नियोजन और बजटिंग की कार्यविधियों के अनुकूल बनाना पड़ता है।

जनसम्पर्क प्रचार की योजना बनाने में एक उपकरण जिसका प्रयोग कार्पोरेट प्रबंधक करते हैं वह विचारावेश (brain storming) होता है। इसका उद्देश्य चर्चा की सीमा के बिना या जल्दबाजी में किए गए समझौता प्राप्त किए बिना असंख्य विचार उत्पन्न करना है। प्रस्तुत किए गए विचारों को संकल्पनाओं के अनुसार एक साथ मिलाया जाता है और एक सहयोगात्मक कार्यक्रम में परिवर्तित किया जाता है।

किसी भी प्रकार का कार्यक्रम आरंभ किया जाए, उसके लिए जनसम्पर्क व्यवहारी को स्वयं निम्नलिखित छह ककारों (who's who) से गुजरना पड़ता है :

क्यों (WHY) : हम संचार क्यों कर रहे हैं? यह विशिष्ट कार्यक्रम अथवा प्रचार (अभियान) के उद्देश्यों को परिभाषित करने में सहायता करेगा।

कौन (WHO) : हम किनके पास जाने का प्रयास कर रहे हैं? इससे लक्ष्य समूह को परिभाषित करने में सहायता मिलेगी।

क्या (WHAT) : जो कुछ कहा जाना है क्या उससे वांछित परिवर्तन प्राप्त करना है? यह मुख्य संचार को तैयार करेगा।

कहाँ (WHERE): हम इसे लक्ष्य समूह तक पहुँचने के लिए कहाँ कहते हैं? यह मीडिया साधनों का चयन करने में सहायता करेगा।

कब (WHEN) : वांछित उत्तर प्राप्त करने के लिए कार्यक्रम आरंभ करने का सही समय क्या है? इससे समय तालिका अर्थात हमारे संदेशों की अनुसूची तैयार करने और बारंबारता प्राप्त करने में सहायता मिलेगी।

कैसे (HOW) : लक्ष्य समूह तक पहुँचने के लिए सबसे अच्छा रास्ता और सबसे अच्छी कार्यनीति क्या है? यह कार्रवाईमूलक कार्यक्रम की कार्यनीति को परिभाषित करेगा।

दो अन्य साधन कार्यक्रम की बजटिंग और मूल्यांकन हैं।

जनसम्पर्क के लिए उपलब्ध विभिन्न उपकरण अथवा मीडिया का वर्गीकरण निम्नलिखित श्रेणियों—बाहरी और आंतरिक लक्ष्य समूह के अंतर्गत किया गया है।

जनसम्पर्क में हम लोगों के विभिन्न समूहों के साथ संचार करते हैं। अतः यह आवश्यक है कि हम अपने लक्ष्य समूह को स्पष्ट कर लें और उसके बाद प्रभावशाली ढंग से उन तक पहुँचने के लिए कार्यनीति और मीडिया को चुनें।

किसी भी व्यापक जनसम्पर्क कार्यक्रम के लिए कुछ लक्ष्य समूहों का होना आवश्यक है।

बाहरी लक्ष्य समूह **आंतरिक लक्ष्य समूह** 1) समुदाय : संगठन के आसपास और उसके बाहर के लोग 2) अभिमत नेता (opinion leader) : वे लोग जिनका प्रभाव पर अधिकार है अर्थात राजनेता, अफसरशाह, सामाजिक कार्यकर्ता आदि। 3) मीडिया : प्रेस, टेलीविजन और रेडियो	4) संभावित कर्मचारी और जनता 5) आपूर्तिकर्ता, ग्राहक, व्यापारी, एजेंट, बैंकर (साहूकार) निवेशक आदि। 1) कर्मचारी : वे लोग जो संगठन के लिए उच्च प्रबंधन से लेकर बिल्कुल निचले कर्मचारी के रूप में काम करते हैं।

जनसंपर्क मूल्यांकन

मीडिया विषयवस्तु विश्लेषण, अनुसंधान का एक विकसित क्षेत्र हो गया है परंतु अधिकांश मामलों में इसे विशेषज्ञ मीडिया विश्लेषण प्रतिष्ठान को बाहर से बुलाने की आवश्यकता पड़ती है जो कुछ ग्राहकों के बजट के लिए अत्यंत महंगा होता है।

इसके अतिरिक्त, मीडिया विषयवस्तु विश्लेषण, मीडिया प्रचार का मूल्यांकन करता है। प्रकाशनों, घटनाओं, समुदाय सम्बन्धों, कर्मचारी संचार (संप्रेषण), शेयरधारकों के सम्बन्धों और अन्य जनसम्पर्क तथा सार्वजनिक कार्यों के लिए अन्य मूल्यांकन पद्धतियों जैसे साक्षात्कार सर्वेक्षण अथवा लक्ष्य समूहों की आवश्यकता पड़ती है जो अधिकांश जनसपंर्क व्यवहारियों के कौशलों और बजट से परे हैं।

जनसम्पर्क विद्वानों द्वारा प्रस्तावित मूल्यांकन के मौजूदा मॉडलों में से सबसे अधिक लोकप्रिय माडल (cutlip.et-ep.) मूल्यांकन माडल (1985) है जिसे पी.आई. आई. (निर्माण-Preparation, कार्यान्वयन-Implementation, प्रभाव-Impact) कहा जाता है। निर्माण का पहला सोपान पृष्ठभूमि सम्बन्धी सूचना (जानकारी) की पर्याप्तता, उपयुक्तता और संदेश की गुणवत्ता का निर्धारण करना है। कार्यान्वयन मीडिया को भेजे गए संदेशों और उन संदेशों को किसने प्राप्त किया है, उनकी जांच करता है। अंत में प्रभाव अभिमत (opinion), अभिवृतियों (attitudes) और व्यवहारों में परिवर्तनों का मूल्यांकन करता है।

परंपरागतरूप से जनसम्पर्क के लाभ (माप) को कालम सेंटीमीटर के हिसाब से मापा गया था परंतु अधिकांश जनसम्पर्क एजेंसियों ने जनसम्पर्क की क्षमता को मापने के लिए योग्यता के अपने उपकरण विकसित किए हैं। तथापि किसी प्रकार (अभियान) की प्रभावोत्पादकता को कालम सेंटीमीटर के द्वारा मापना सही दृष्टिकोण

नहीं है क्योंकि यह सही मीडिया में संदेश पहुँचाने अथवा परिवर्तन के किसी प्रकार का संदेश नहीं देता।

आजकल अधिकतर एजेंसियों के पास गुणात्मक मापन उपकरण (qualitative measurement tools) हैं जो अधिक पारदर्शी और सही ढंग से जनसम्पर्क की क्षमता का मूल्यांकन करने में सहायता करते हैं चाहे यह दिए गए संदेश की क्षमता हो, बाजार स्थल में उत्पन्न चहलपहल हो या उसके ब्रांड का कार्यनिष्पादन हो। जनसम्पर्क की क्षमता सृजनात्मकता और नवीनता के प्रति प्रत्यक्ष समानुपाती होती है जिसे जनसम्पर्क टीम प्रस्तुत करती है। अंततः यह महान विचारों और त्रुटिहीन कार्यनिष्पादन का आकर्षक मेल है।

* *

बाहरी मीडिया और उपकरण

1. प्रेस

निजी सैटेलाइट चैनलों की बाढ़ आ जाने के बावजूद, प्रेस जनसम्पर्क से जुड़े लोगों के लिए प्रमुख माध्यम (prime media) है। सरकार दूरदर्शन के मुकाबले में सैटेलाइटों के रास्ते अंतरिक्ष से आक्रमण नहीं रोक सकी, परंतु इसने भारत में विदेशी प्रेस के प्रवेश का कड़ा विरोध किया है जो इस तथ्य के बावजूद इसके महत्त्व को दर्शाता है कि एक अरब जनसंख्या की साक्षरता दर केवल 50% है।

भारत में लगभग 10,000 समाचारपत्र और पत्र-पत्रिकाएँ हैं जिनकी संख्या विश्व में सबसे अधिक है। कुल मिलाकर प्रेस सभी महानगरों में 67% जनसंख्या तक पहुँचती है। हिन्दी और क्षेत्रीय समाचारपत्र भारत में अंग्रेजी समाचारपत्रों से आगे हैं (परिशिष्ट देखिए)।

भारत में प्रेस राजनीति और अपराध से सम्मोहित है और व्यर्थ समाचार अनेक कॉलमों में स्थान पाते हैं। इस प्रकार वास्तव में संगठन के समाचार/सूचना सही ढंग से एकत्र करना जनसम्पर्क व्यवहारी के लिए अत्यंत कठिन हो जाता है। तथापि, अधिकतर मुख्य कार्यकारी अधिकारी अपने समाचारों को अंग्रेजी समाचारपत्रों में देखना पसंद करते हैं फिर भी ये समाचारपत्र हिंदी और क्षेत्रीय समाचारपत्रों की तुलना में कम होते हैं।

वर्तमान समय में कोई भी व्यर्थ समाचार सैटेलाइट मीडिया में ब्रेकिंग न्यूज (ताजा समाचार) बन जाता है। भारतीय प्रेस अनर्थकारी समाचारों को गलत ढंग से प्रस्तुत करने के लिए अंतरराष्ट्रीय स्तर पर हंसी का पात्र बन गई है।

2. समाचार एजेंसियाँ

भारतीय प्रेस ट्रस्ट–भारतीय एवं पूर्वी समाचारपत्र सोसाइटी (आई.ई.एन.एस.) ने देशव्यापी व्यापक टेलीप्रिंटर नेटवर्क के साथ अपनी स्वयं की एजेंसी भारतीय प्रेस ट्रस्ट (पी.टी.आई.) आरंभ की जिसमें विदेशों में अनेक पत्रकारों और संवाददाताओं को नियुक्त किया गया।

पीटीआई-भाषा–भाषा राष्ट्रीय स्तर पर पी.टी.आई. की हिंदी इकाई है।

यूनाइटेड न्यूज़ आफ इंडिया (यू.एन.आई.)–इस एजेंसी की स्थापना डॉ. बी. सी.राय ने की थी और आठ राष्ट्रीय दैनिक समाचारपत्रों द्वारा इसे प्रायोजित किया गया। यह समाचारों के संग्रह और वितरण में पी.टी.आई. की सेवाओं का मुकाबला कर सकती थी। इसके अब 200 भारतीय शहरों और कस्बों में संवाददाता हैं तथा पूरे देश में लगभग 100 कार्यालय हैं।

यूनीवार्ता–यूनीवार्ता यू.एन.आई. का हिंदी भाग (इकाई) है जिसकी भारत में पर्याप्त पहुंच है।

3. बाहरी प्रचार

बाहरी प्रचार की इस लचीलेपन के कारण बहुत माँग है क्योंकि यह लक्ष्य समूह के पास कहीं भी किया जा सकता है। बोर्डिंग स्थल की कीमत जोकि मासिक अथवा वार्षिक आधार पर होती है ट्रैफिक आदि के स्थल प्रवाह पर निर्भर करती है।

बाहरी प्रचार तुरंत ध्यान आकर्षित करता है चाहे यह दिन में हो अथवा रात में (जब ट्रासंलाइटों का प्रयोग किया जाता है) और यह स्मरण करानेवाला बड़ा मीडियम चौबीस घंटे रहता है।

आई.ए.एन.एस.–इण्डो एशियन न्यूज़ सर्विस जो पहले इण्डिया एब्रोड न्यूज़ सर्विस थी। यह अंग्रेजी में है।

4. टेलीविज़न (दूरदर्शन)

दूरदर्शन एक श्रव्य-दृश्य माध्यम होने के कारण, इसमें तात्कालिक संचार प्रणाली की विशेषता है। इसमें संगीत, स्वर और दृश्य विशेषता (संवर्धन) भी है और इसलिए यह निरक्षरता की बाधा को पार कर जाता है। यह एक सर्वाधिक प्रभावशाली और शक्तिशाली माध्यम है। वैज्ञानिक अनुसंधान से यह सिद्ध हुआ है कि दूरदर्शन की श्रव्य-दृश्य विशेषताओं के कारण विश्वसनीयता सबसे अधिक है। दूरदर्शन पर दिखने वाले कार्यक्रमों की स्मरण दर (recall rate) बहुत अधिक है।

अतः 'देखना ही विश्वास करना है' का सिद्धांत बिल्कुल सही है। निरपेक्ष विचारों और नीतियों के अतिरिक्त, मुश्किल से ऐसा कोई कार्यक्रम अथवा कार्यकलाप होगा जिसे दृश्य के तौर पर न दिखाया जा सकता हो।

दूरदर्शन निर्धारणों (Television Ratings) का परिकलन दूरदर्शन निर्धारण बिंदुओं (Television Rating Points) के अनुसार किया जाता है जहाँ एक दूरदर्शन निर्धारण बिंदु 1064 लाख वयस्कों के समकक्ष होता है (15 वर्ष की आयु से अधिक)। आई.एम.आर.बी. साप्ताहिक आधार पर दूरदर्शन निर्धारण बिंदु

प्रदान करता है जबकि ओ.आर.जी.एम.ए.आर.जी. केबल और सैटेलाइट मापनी (TV Audience Measurement) प्रदान करता है।

दूरदर्शन का दर्शक अनुसंधान टेलीविजन (Doordarshan's Audience Research Television) दर्शकों का मूल्यांकन (मापन करने) और दूरदर्शन के कार्यक्रमों का निर्धारण करने में अब बाजार अनुसंधान एजेंसियों में शामिल हो गया है। यह अपने साप्ताहिक आकलन (निर्धारण) प्रेस में प्रकाशित करता है और उन्हें शहरी तथा क्षेत्रीय भाषाओं के चैनलों पर हर सप्ताह प्रसारित करता है।

प्रत्येक दर्शक अलग से अपने निजी एन्टीना से संकेतों (signals) को प्राप्त करे इसके बजाए केबल टेलीविजन में एक ही एन्टीना (common antenna) से कार्यक्रमों को दर्शकों के सेटों पर पहुँचाया जाता है। इसमें स्थानीय ट्रांसमीटरों से अभिग्रहण (reception) अच्छा आता है और यह घरेलू एन्टीनाओं की पहुंच से परे दूरस्थ और विदेशी ट्रांसमीटरों से प्रसारण सेवाओं (relaying services) की संभावना उपलब्ध कराता है। लेकिन, डायरेक्ट टू होम (DTH) सुविधा जो केबल ऑप्रेटरों के हस्तक्षेप के बिना कार्यक्रमों को सीमा पार दर्शकों तक ले जाती है, उनके कारोबार को नष्ट करने का खतरा उत्पन्न करती है।

कवरेज उद्देश्यों के लिए टी.वी. व्यावसायिक यू-मैटिक टेपों को ग्रहण करता है न कि अव्यावसायिक आधा इंच वीडियो टेपों को जो कि विवाहों, जन्मदिन की पार्टियों आदि में प्रयोग होती हैं। आदर्शतौर पर एक टी.वी. समाचार प्रसारण 90 सेंकड से अधिक नहीं होना चाहिए। जनसम्पर्क अधिकारी एक लिखित आलेख (स्क्रिप्ट) के साथ संपादित फिल्म क्लिप भेज सकता है जिसमें फिल्म के साथ दृश्य दिखाया गया हो ताकि समाचार वाचक इसे अपना स्वर दे सके।

यदि समाचार विज्ञप्ति ब्रिकी के लिए है अथवा यह सभुगतान व्यावसायिक विज्ञापन है तो इस समाचार विज्ञप्ति को स्वीकार नहीं किया जाएगा। सबसे अच्छा दृष्टिकोण निचले स्तर के दृष्टिकोण को लेने का होगा जिसमें कंपनी शैक्षिक प्रकृति के तथ्यों अथवा उसकी सूचना को प्रस्तुत करती है। लाभनिरपेक्ष संगठनों (non-profit organizations) के पास अपने कार्यकलापों का प्रचार करने के अनेक अवसर होते हैं क्योंकि वे अव्यावसायिक होते हैं। जनसम्पर्क व्यवहारी द्वारा लघु टेलीफिल्मों अथवा किसी कार्यक्रम को प्रायोजित करने के अतिरिक्त, औद्योगिक समाचारों, व्यापारिक कार्यक्रमों, विकास फीचरों, साक्षात्कारों, वार्ताओं, परिचर्चाओं (discussions) और विश्लेषणात्मक कार्यक्रमों का प्रयोग भी किया जा सकता है।

5. फिल्म/वीडियो

अन्य इलेक्ट्रानिक मीडिया जो संगठन की छवि को महत्त्वपूर्ण आयाम प्रदान करता

है, वह फिल्म माध्यम है। जनसम्पर्क अधिकारी के लिए फिल्म निर्माण के बारे में और निर्माता, निर्देशक, फिल्म-नाटक लेखक, छायाकार (cameraman), संपादक, ध्वनि रिकार्डिस्ट और अन्य दल कर्मियों के बारे में जानना लाभदायक है।

फिल्म निर्माण में आलेख विकसित करना मुख्य कारक होता है जिसमें कैमरे को तीन सोपानों में कार्य करना पड़ता है जो निम्नलिखित हैं :

संकल्पना—स्पष्ट होनी चाहिए।

व्यवहार (treatment)μसंगठन के लिए निर्णायक होना चाहिए।

छवि परिदृश्य-प्रभावशाली होना चाहिए।

कम खर्चीला संचार का साधन स्लाइड फिल्में अथवा स्लाइडें हैं। यह फिल्मों की निरंतर स्ट्रिप होती है जिस पर निश्चित अनुक्रम (fixed sequence) में फ्रेम प्रस्तुत किए जाते हैं।

6. परंपरागत माध्यम (Traditional Media)

ग्रामीण भारत में, परंपरागत माध्यम जैसे थिएटर अर्थात तमाशा, नौटंकी, जात्रा, समुदाय गीत, नृत्य, कठपुतली का खेल आदि सभी सूचना, शिक्षा और मनोरंजन के शक्तिशाली माध्यम हैं जो सृजनात्मक संदेशों के प्रयोग के लिए प्रबल अवसर प्रदान करते हैं। संगठन के लिए ग्रामीण मेले और त्यौहार भी ऐसे मौखिक संचार और बाहरी प्रचार का काम करते हैं जिनका लक्ष्य ग्रामीण लोग होते हैं।

7. रेडियो

भारत में रेडियो की पहुँच 80% से भी अधिक जनसंख्या तक है। यह सचल माध्यम (mobile medium) है और इसके लचीलेपन के कारण कोई अन्य माध्यम इसका मुकाबला नहीं कर सकता। हालाँकि रेडियो एक जनमाध्यम है फिर भी इसमें प्रत्यक्ष वैयक्तिक माध्यम (direct personal medium) की विशेषताएँ मौजूद हैं और यह अपना संदेश संप्रेषित करने के लिए बोलचाल के शब्द और मानव स्वर का प्रयोग करता है।

रेडियो पर पूरा दिन समाचार बुलैटिन प्रसारित किए जाते हैं। जनसम्पर्क व्यवहारी चाहे वह सार्वजनिक अथवा निजी क्षेत्र का हो, कंपनी के कार्यनिष्पादन और नई घटनाओं के बारे में समाचारों के स्रोत के रूप में रेडियो का प्रयोग कर सकता है जो श्रोताओं के लिए इसके समाचार के महत्त्व पर आधारित होते हैं।

रेडियो के लिए समाचार विज्ञप्ति रेडियो शैली में लिखी जानी चाहिए ताकि इसका अधिक संपादन किए बगैर उद्घोषक (announcer) द्वारा प्रयोग किया जा सके।

आकाशवाणी सरकारी प्रसारण करता है। समाचारों के अतिरिक्त, उसके पास

समसामयिकी, उद्योग, पैनल चर्चा आदि से सम्बन्धित असंख्य कार्यक्रम हैं जिनका प्रयोग सही ढंग से जनसम्पर्क व्यवहारियों द्वारा किया जा सकता है। वास्तव में, आकाशवाणी विशेषकर स्थानीय स्टेशन विकास से जुड़े समाचारों की तलाश में रहते हैं।

8. वेबसाइट

हाल ही में, वेबसाइट इंटरनेट पर समानांतर संगठन के तौर पर सामने आई हैं। यदि पूरे प्रकाशनों को एक साथ भी रख दिया जाए तो वेबसाइटें उचित उत्तर देने में अधिक तेज और अधिक विस्तृत हो सकती हैं। वेबपृष्ठ में संगठन के उद्देश्य, कार्य और शाखाएँ होती हैं। यह आमतौर पर कंप्यूटर विभाग अथवा जनसम्पर्क विभाग के नियंत्रण में होती है। अनेक कंपनियाँ अपनी वेबसाइटों को इतनी तेजी से अद्यतन कर रही हैं कि फोन पर अथवा स्वयं जानकारी प्राप्त करने के बजाए वेबसाइट देखना अच्छा होता है। समय आ गया है जब वेब जनसम्पर्क अधिकारी को एक आवश्यकता समझा जाएगा।

9. आनलाइन जनसंपर्क (Online PR)

- परंपरागत जनसम्पर्क का विस्तार अब आनलाइन तक हो गया है। आनलाइन द्वारा इंटरनेट, वेब और व्यावसायिक सेवाओं जैसे माध्यम को परिभाषित किया जाता है। व्यावसायिक सेवाओं में अमेरिका आनलाइन (America Online), कंप्यूसर्व (Compuserve) आदि सेवाएँ शामिल हैं।
- आनलाइन जनसम्पर्क का महत्त्व अधिक है क्योंकि यह व्यक्तियों और व्यापक समाचारों तथा सूचना वितरण (Information delivery) के साथ अंतःसम्पर्क उपलब्ध कराता है।
- जनसम्पर्क एक अलग माध्यम में है : इंटरनेट, वेब और आनलाइन सेवाएँ सशक्त माध्यम हैं जो ग्राहकों तक सीधे सम्पर्क से और व्यापक रूप से पहुँच रही हैं।

यदि कोई व्यक्ति ग्राहकों और अन्य प्रभावशाली लोगों के साथ सम्बन्धों को देख रहा है जो संगठन के जीवन और सफलता को प्रभावित करते हैं, तो यह सबसे अच्छा विकल्प है क्योंकि इसमें कंपनी के उत्पाद अथवा सेवा समाचार का व्यापक प्रसार होता है।

ई-मेल ने विश्व में सामान्य सूचना प्रणाली पर अधिकार कर लिया है और सबसे नया तंत्र जनसम्पर्क आनलाइन है। 'जंक-ई-मेल' (Junk-e-mail) इसका उदाहरण है जो नेट प्रयोगकर्ताओं को अपने ई-मेल खाते में प्राप्त होती हैं। फैक्स और निजी प्रकाशनों और वक्तव्यों के अतिरिक्त, जनसम्पर्क विज्ञप्तियों के लिए आनलाइन जनसम्पर्क प्रभावकारी हो सकता है।

10. मोबाइल जनसंपर्क (Mobile PR)

विश्व में 200 करोड़ मोबाइल प्रयोगकर्ताओं में से इस समय भारत में 6 करोड़ 80 लाख मोबाइल प्रयोगकर्ता हैं। बहुत तेजी से बढ़ते हुए प्रयोगकर्ताओं की संख्या 2010 तक 30 करोड़ तक पहुंच जाएगी। जनसम्पर्क क्षेत्र में विशेषज्ञों के हाल ही के अध्ययन से पता चलता है कि टी.वी. को 'छोटा पर्दा' और सिनेमा को 'बड़ा पर्दा' समझा जाता था। यह स्थिति मोबाइल फोन के आने से शीघ्र बदल जाएगी और वह समय दूर नहीं है जब सिनेमा को 'चौड़ा पर्दा' (wide screen), टी.वी. को 'बड़ा पर्दा' और मोबाइल को 'छोटा पर्दा' समझा जाएगा तथा जहाँ पर सभी प्रकार के विज्ञापनों की धूम मचेगी। मोबाइल फोन शीघ्र ही एक प्रमुख जनसम्पर्क उपकरण बन सकते हैं। यदि जनसम्पर्क अधिकारी हजारों मील दूर किसी अति महत्त्वपूर्ण व्यक्ति (VIP) द्वारा दिए जा रहे भाषण पर आधारित प्रेस विज्ञप्ति को तैयार करना चाहता है तो वह अपने सहयोगी को जन संबोधन प्रणाली (public address system) के पास मोबाइल फोन रखने के लिए कह सकता है तथा मोबाइल फोन में रिकार्डिंग करके अथवा सुनकर और महत्त्वपूर्ण बिंदुओं (बातों) को लिखकर वहाँ से प्रेस वक्तव्य जारी कर सकता है। इसके अतिरिक्त जनसम्पर्क व्यवहारी एस.एम.एस. के जरिये पूरी प्रेस विज्ञप्ति पर अन्य प्रकाशित किए जाने वाले तथ्य दर्जनों संवाददाताओं को तत्काल भेज सकता है।

11. ब्लाग (Blog)

ब्लाग निजी विचारों और वेब संपर्कों (web links) का बारंबार होनेवाला और कालानुक्रमिक (chronological publication) प्रकाशन होता है।

ब्लाग प्रायः उस सबका मिश्रण है जो व्यक्ति के जीवन में क्या घटित हो रहा है और वेब पर क्या हो रहा है, इसकी जानकारी देता है। यह एक प्रकार की उच्च श्रेणी की मिश्रित डायरी/गाइड स्थल होता है। यद्यपि जितने प्रकार के लोग होते हैं उतने ही प्रकार के अनोखे ब्लाग होते हैं।

ब्लाग शब्द का निर्माण होने से पहले भी लोगों के पास ब्लाग थे परंतु इस प्रवृत्ति को तब ज्यादा महत्त्व मिला जब मशीनी प्रकाशन प्रणालियाँ आरंभ हो गईं, विशेषकर तब जब ब्लागर blogger.com पर आया। हजारों लोग सेवाओं का प्रयोग करते हैं क्योंकि ब्लागर प्रकाशन प्रक्रिया को सरल और तेज करता है।

ब्लाग को वेब लाग्स (web logs) अथवा वेब ब्लाग्स (web blogs) भी कहा जाता है। तथापि लगता है कि 'ब्लाग' कम भ्रम पैदा करता है क्योंकि 'वेब लाग' का अर्थ सर्वर की लाग फाइल से भी हो सकता है। ब्लाग का उदाहरण आगे दिया गया है :

कार्पोरेट जनसम्पर्क

5 अक्तूबर, 2004

भारत में जनसम्पर्क

मैं, भारत में जनसम्पर्क की स्थिति के बारे में उत्सुक रहा हूँ क्योंकि मैंने पहले इस ब्लाग में **आश्चर्य व्यक्त किया** है कि यदि जनसम्पर्क एक उद्योग है जो बाहरी संसाधनों का मुकाबला कर सकता हो तो मेरे विचार से यह सम्भव है (अनेक लोग इससे सहमत नहीं हैं)।

वास्तव में, भारत में जनसम्पर्क के व्यवहार के बारे में मुझे कोई जानकारी नहीं है, इसलिए आप अनुमान लगा सकते हो और कह सकते हो कि मेरी राय पूरी तरह जानकारी से भरी नहीं है। (यह राय व्यवहार के वास्तविक ज्ञान की अपेक्षा कीमत के अर्थशास्त्र पर अधिक आधारित थी)। परंतु अब मैंने अनेक सूचना के स्रोतों से पाया है कि मुझे निश्चय ही समय-समय पर पता लगाते रहना चाहिए।

यहाँ एक विपणन (markeing) और जनसम्पर्क समाचारों के लिए एक **आनलाइन पोर्टल** है।

यहाँ भारत में जनसम्पर्क व्यक्ति द्वारा एक ब्लाग है जो सोचता है कि यहाँ पर जनसम्पर्क की स्थिति बिल्कुल दयनीय है।

यदि आपको अन्य सूचना स्रोतों अथवा भारत में उद्योग पर ब्लागों के बारे में जानकारी मिले तो कृपया उन्हें टिप्पणियों में जोड़ दें।

---

5 अक्तूबर, 2004 जनसम्पर्क टिप्स और उपकरण। परमालिंक ट्रैक बैक

इस प्रविष्टि के लिए यू आर एल ट्रैक बैक करें।

http:www.typepad.com/t/trackback/1201158

नीचे उन ब्लागों के लिए सम्पर्क (links) दिए गए हैं जो भारत में जनसम्पर्क का उल्लेख करते हैं :

- एडेलमैन भारत में जनसम्पर्क भारत (Public Relations India) के संयुक्त उपक्रम के माध्यम से प्रवेश करता है। इस दौरान कार्पोरेट जनसम्पर्क ने इस सम्बन्ध में आश्चर्य व्यक्त किया कि क्या जनसम्पर्क को भारत जैसे देशों से संसाधनों की व्यवस्था करने का खतरा उठाना पड़ेगा। ठीक है, एडेलमैन अब यहाँ पर मौजूद है (और अधिक पढ़िए)।

---

21 अक्तूबर को प्रातः 08:06 मिनट पर ट्रैक किया गया

टिप्पणियाँ

प्रतीत होता है कि आपको भारत में किसी चीज की तलाश है। मैं आपको भारत में जनसम्पर्क के बारे में किन्हीं दूसरे संपर्कों की जानकारी दूँगा।

प्रेषक : रॉब हैट। 13 अक्तूबर, 2004, सायं 10:13 बजे

किसी संगठन में जनसम्पर्क विभाग का निर्माण किस प्रकार होता है?

किसी संगठन में जनसम्पर्क विभाग किस प्रकार संचालित किया जाता है?

किसी संगठन में जनसम्पर्क विभाग क्या-क्या कार्य करता है?

जनसम्पर्क विभाग का निर्माण करने के पीछे प्रमुख विचारधारा क्या है?

तुरंत उत्तर दीजिए

प्रेषक : सौरभ त्रिपाठी। 6 जनवरी, 2005, समय सायं 7:16 बजे

जी हाँ,

मैं, भारत में जनसम्पर्क का विद्यार्थी हूँ और इस समय पढ़ रहा हूँ। विधि के प्रतिष्ठानों के सम्बन्ध में व्यवहार (practice) किस प्रकार विकसित होगा?

कृपया इस पर अपने विचार दीजिए।

प्रेषक : आकृति भार्गव। 8 मार्च, 2005, समय सायं 3:14 बजे

जी हाँ,

मैं, भारत में एक जनसम्पर्क प्रतिष्ठान में कार्य कर रहा हूँ और भारत में जनसम्पर्क के भविष्य तथा महत्त्व का अध्ययन करना चाहता हूँ। कृपया बताएँ कि विज्ञापन में गिरावट किस प्रकार हुई है। मैं आपका आभारी हूँगा यदि आप मेरी सहायता करने का कष्ट करेंगें।

धन्यवाद

प्रेषक : शिवानी। 13 फरवरी, 2006, समय दोपहर 1:20 बजे

मुझे यह पढ़कर आश्चर्य हुआ है कि 'भारत में जनसम्पर्क की स्थिति अत्यधिक दयनीय है''

भारत में जनसम्पर्क उद्योग बुनियादी परिवर्तन की दहलीज पर है, यह सब पिछले कुछ वर्षों में हुई वृद्धि के कारण हुआ है। 'ज्ञान', 'अनुसंधान', 'कार्यनीति', 'प्रक्रियाए', 'प्रणालियाँ', 'मूल्यांकन विधियाँ' नए **buzzwords** हैं।

भारत के जनसम्पर्क व्यावसायिकों के साक्षात्कार और मीडिया के लिए आदान-प्रदान और जनसम्पर्क क्षेत्र जैसे पोर्टलों की विशेषताएँ इस उभरती हुई प्रवृत्ति को दर्शाती हैं।

मैं एडफैक्टर्स पब्लिक रिलेशंस में एक सह-निदेशक के पद पर कार्य करता हूँ और मेरा ब्लाग जनसम्पर्क पर बल देता है कि आपके साथ सम्पर्क में रहूँ, यह मेरा सौभाग्य होगा।

प्रेषक : जे.एस.साई। 24 फरवरी, प्रातः 8:13 बजे

टिप्पणी भेजिए

यदि आपके पास टाइपकी अथवा टाइप पैड ब्यौरा हो तो कृपया लिखिए :

नाम :

ई-मेल पता :

यू आर एल :

निजी सूचना याद रखिए।

टिप्पणियाँ :

उपकरण (Tools)

मीडिया विज्ञप्ति

बाहरी लोगों से सम्पर्क करने का सबसे महत्त्वपूर्ण उपकरण शायद प्रेस विज्ञप्ति है जिसे प्रचार भी कहा जाता है। इसे निःशुल्क सूचना के रूप में परिभाषित किया जाता है और इसके माध्यम से विचारों, वस्तुओं और सेवाओं की जानकारी दी जाती है जो पाठक, श्रोता अथवा दर्शक के लिए रोचक होती है। यदि समारोह सावधानीपूर्वक आरंभ किया जाता है तो जनसम्पर्क अधिकारी का 90% कार्य पूरा हो जाता है। प्रेस विज्ञप्ति को

प्रिंट मीडिया, टीवी, रेडियो और वेबसाइटों द्वारा पूरी दुनिया में पहुँचाया जाता है।

प्रेस विज्ञप्ति तैयार करते समय निम्नलिखित बातों को ध्यान में रखना जरूरी है :

1. प्रेस विज्ञप्ति का दिन और समय : प्रेस विज्ञप्ति का दिन निश्चित रूप से 'रविवार' होना चाहिए क्योंकि प्रेस रिपोर्टरों और समाचारों के लिए यह सही समय होता है। इस दिन सभी सरकारी और निजी कार्यालय बंद होते हैं, इसलिए स्पर्धा बहुत कम होती है। शायद यही कारण है कि समाचार एजेंसियाँ (पी.टी.आई., यू.एन.आई., भाषा और यूनीवार्ता) अपना समाचार रविवार को प्रेषित करना पसंद करती हैं क्योंकि यह समाचारपत्रों पर निर्भर करता है कि वे इन्हें प्रकाशित करें अथवा न करें।

अतः यह सलाह दी जाती है कि जनसम्पर्क अधिकारी को चाहिए कि वह अपनी प्रेस विज्ञप्ति शुक्रवार/शनिवार को ही तैयार कराए और इस पर 'रविवार की तारीख' लिखकर तैयार रखे ताकि खबर सोमवार को छपे।

संस्था के मुख्य कार्यकारी अधिकारी (प्रमुख) को विश्वास दिलाना जरूरी है कि विज्ञप्ति को जल्दबाजी में जारी करने और न छपने अथवा किसी महत्त्वपूर्ण समाचार के कारण प्रकाशित न होने के बजाए उसे कुछ दिनों के लिए प्रतीक्षा करनी चाहिए। केवल आकस्मिक मामलों में जब रिपोर्टरों को आमंत्रित किया जाता है तब प्रेस विज्ञप्ति को उसी दिन जारी करना चाहिए क्योंकि रिपोर्टर समारोह के बाद उसी दिन इसे प्रकाशित कर देंगे। यदि कोई रिपोर्टर समारोह में नहीं आया है और समारोह बड़ा नहीं है तो कुछ दिनों तक प्रतीक्षा करने के लिए सलाह दी जाती है। याद रखिए कि जनसम्पर्क अधिकारी की विश्वसनीयता समाचार के प्रकाशन द्वारा सुनिश्चित होती है न कि उसके प्रयासों द्वारा जो कि उसने इसके लिए किए हैं। यहाँ दो ही विकल्प हैं—'समाचार छपा या नहीं'। 'छपते-छपते रह गया' कहना बेकार है।

आज के परिदृश्य में जहाँ भारतीय प्रेस मुख्यरूप से अपराध और राजनीति के समाचार प्रकाशित करती है, जनसम्पर्क अधिकारी के लिए अपनी प्रेस विज्ञप्ति सही प्रकार प्रकाशित कराना एक कठिन कार्य है।

एक अन्य महत्त्वपूर्ण तथ्य विज्ञप्ति के समय से सम्बन्धित है। इसे प्रातः 11 बजे से पहले अवश्य वितरित कर दिया जाना चाहिए, क्योंकि इसके बाद यह प्रेस विज्ञप्तियों के ढेर में गुम हो जाती है क्योंकि सभी स्थानों से बहुत ज्यादा प्रेस विज्ञप्तियाँ प्राप्त हो जाती हैं।

यदि एक से ज्यादा प्रेस विज्ञप्ति है तो इसे छुट्टी के दिन अथवा शनिवार को जारी किया जाना चाहिए।

जब विज्ञप्ति रविवार को जारी की जाती है तो समारोह की तारीख का उल्लेख करना जरूरी नहीं है क्योंकि पुराना समाचार मीडिया में प्रकाशित नहीं किया जाता है। उदाहरण के लिए, एक प्रतिनिधिमंडल 3 अगस्त, 2005 को संगठन में विदेश

से दौरा करने आता है, तब विज्ञप्ति को 7 अगस्त, 2005 (रविवार) को जारी किया जाए। इससे कुछ दिनों का कोई अंतर नहीं पड़ता क्योंकि सरकार और निजी संगठनों से अधिकांश प्रेस वक्तव्य समय से बंधे हुए नहीं होते। परंतु यदि किसी निश्चित तारीख से किसी उत्पाद (वस्तु) की कीमत घटती अथवा बढ़ती है तो उसे उसी दिन जारी किया जाना जरूरी है क्योंकि यह अन्य संगठनों से कड़े मुकाबले में आगे बढ़ जाएगा। इसी प्रकार कोई मुख्य फैसला, न्याय सम्बन्धी निर्णय अथवा घोषणाएँ की जाती हैं तो इन्हें भी उसी दिन जारी किया जाना जरूरी होता है।

इस सम्बन्ध में, यह ध्यान रखा जाना चाहिए कि प्रेस विज्ञप्ति का समाचार-महत्त्व हो क्योंकि व्यर्थ प्रेस वक्तव्य रविवार को भी किसी काम का नहीं होगा।

2. इंट्रो अथवा आमुख (Intro)

जनसम्पर्क अधिकारी के समक्ष अपने कार्यों में सबसे बड़ी चुनौती प्रेस विज्ञप्ति के लिए सही इंट्रो को खोजना है जो कि मीडिया में स्थान पा सके। यदि इंट्रो का सही ढंग से पता लगा लिया जाए तो इसका प्रेस में छपना सुनिश्चित है क्योंकि कोई भी समाचारपत्र खबर को प्रकाशित किए बगैर नहीं रह सकता।

एक समाचार एजेंसी द्वारा प्रकाशित निम्नलिखित समाचार का इंट्रो देखिए जिसमें पहले पैराग्राफ शेष समाचार की स्थिति का निर्णय करता है। इसकी ओर सबका ध्यान जाता है। इससे यह भी सिद्ध होता है कि किसी व्यक्ति द्वारा जनसम्पर्क के निरंतर प्रयास वांछित परिणाम लाते हैं।

केस-2

20 जुलाई, 1998

वह महिला जिसने 'महिला सशक्तिकरण' का मार्ग प्रशस्त किया

एक उत्साही महिला के अथक प्रयासों के बिना दिल्ली विश्वविद्यालय की विद्वत परिषद (Academic Council) का यह निर्णय कि विद्यार्थियों को आवेदन-पत्रों में अपनी माँ का नाम लिखना है, सम्भव नहीं हो पाता।

प्राधिकारियों ने विश्वविद्यालय अनुदान आयोग के निर्देशों का अनुसरण करते हुए यह साहसी कदम उठाया। यह सब भारतीय कंपनी सचिव संस्थान (Institute of Company Secretaries of India) में संयुक्त निदेशक डॉ. अमिता आहूजा के बार-बार किए गए प्रयासों के आधार पर उठाया गया।

विश्वविद्यालय अनुदान आयोग ने 18 अप्रैल को सभी विश्वविद्यालयों के कुलसचिवों को निर्देश दिया कि वे कालेजों और विश्वविद्यालयों के प्रवेश फार्मों, उपाधियों और प्रमाणपत्रों में पिता के नाम के साथ-साथ माँ का नाम शामिल करने

के लिए उचित कार्रवाई करें।

दिल्ली विश्वविद्यालय द्वारा पहल करते हुए, अन्य संस्थाओं को भी इसका अनुसरण करना चाहिए।

इस कदम का उद्देश्य अविवाहित, तलाकशुदा अथवा अलग हुई महिलाओं के बच्चों की सहायता करना है जिनके लिए "पिता का नाम" लिखा हुआ कालम परेशानी पैदा करने वाला होता है।

दिल्ली विश्वविद्यालय के कुलसचिव के.के.पांडा का कहना है कि "हर वर्ष विश्वविद्यालय में एकल अभिभावकों (single parents) के बालकों के कुछ मामले आते हैं। उनके लिए पिता के नाम का खाना परेशानी पैदा करता है।"

डॉ. आहूजा परेशान हैं कि उनके लगातार प्रयास करने पर भी विश्वविद्यालय अनुदान आयोग के अपर सचिव आर.पी.गंगरडे द्वारा कुलसचिवों को लिखे पत्र के बावजूद दिल्ली विश्वविद्यालय ने उनकी पहल को अपनी पहल बताया और सार्वजनिक रूप से उनके ठोस कदम को घोषित नहीं किया।

पत्र में लिखा है कि "डॉ. आहूजा के सुझाव के अनुसार विश्वविद्यालयों और कालेजों द्वारा जारी किए गए सभी आवेदन-पत्रों, उपाधियों और प्रमाणपत्रों में माँ के नाम को शामिल करने के लिए मैं आपका ध्यान आकृष्ट करना चाहूँगा।"

यह प्रसन्नता की बात है कि उनके प्रयास सार्थक हुए। डॉ. आहूजा का कहना है कि मैंने यह सब परेशानी अकेली माँओं के बच्चों की पहचान के लिए नहीं उठाई बल्कि वे जिन परिस्थितियों का सामना करती हैं, उनको दूर करने के लिए उठाई हैं। लिंग-भेद को दूर किया जाना चाहिए तथा माँ को उसका सही अधिकार और हिस्सा मिलना चाहिए। बालक की पहचान माता और पिता दोनों से होती है।

डॉ. आहूजा ने कहा कि उन्होंने विभिन्न विभागों और सम्बन्धित अधिकारियों को पत्र लिखकर और मीडिया के माध्यम से लाबी करके सरकार पर दबाव बनाए रखा।

उनका कहना था कि सरकार ने उनके अनुरोध को 1996 में ही स्वीकार कर लिया था परंतु विभिन्न निकायों ने जिनमें विश्वविद्यालय अनुदान आयोग भी शामिल है, इसके लागू करने में देरी की।

तथापि विश्वविद्यालय अनुदान आयोग का निर्देश डॉ. आहूजा की माँग का केवल एक भाग है। उन्होंने आशा व्यक्त की कि अन्य संस्थाएँ जैसे केंद्रीय माध्यमिक शिक्षा बोर्ड, अखिल भारतीय तकनीकी शिक्षा परिषद (AICTE) और सरकारी निकाय इस परिवर्तन को शामिल करेंगे।

वे कहती हैं कि, "जो माँ बालक/बालिका को जन्म देती है और उसके विकास में भाग लेती है, उसके साथ इस प्रकार का भेदभाव नहीं किया जाना चाहिए। यह महिलाओं के सशक्तीकरण की भावना के विपरीत है।"

उनका यह भी कहना है कि "माँ के जीवित रहने के बावजूद दिवंगत पिता का नाम भी प्रयोग करने की व्यवस्था है।" (यू.एन.आई.)

3. उल्टा पिरामिड (Inverted Pyramid)

प्रेस विज्ञप्ति 'उल्टे पिरामिड' आकार में होनी चाहिए।

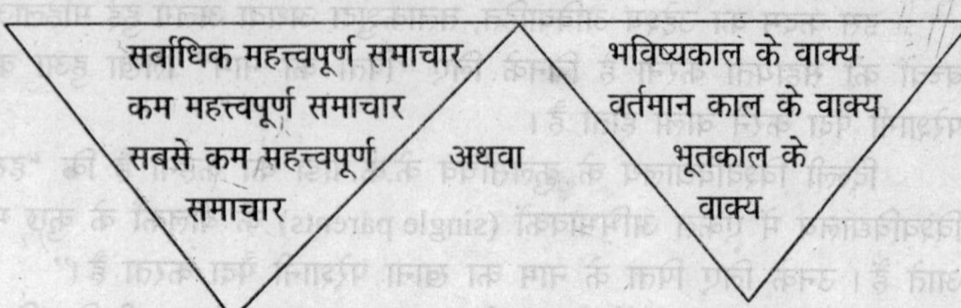

किसी भाषण अथवा विज्ञप्ति पत्र अथवा अन्य सामग्री का पाठ (text), विशेषकर जब पाठ बहुत ज्यादा तकनीकी (पारिभाषिक) हो अथवा जनसम्पर्क अधिकारी इससे बिल्कुल अनजान हो, उसे पढ़ते समय कुछ बिन्दुओं को ध्यान में रखा जाना चाहिए।

भविष्य काल (Future Tense)–भाषण में भविष्य काल का वाक्य देखिए और इसे रेखांकित कीजिए, अर्थात कोई भी कार्यकलाप तब समाचार होता है यदि वह 'संगठन आरंभ करेगा' जैसे वाक्य से आरंभ होता है। यदि ऐसे वाक्य उपलब्ध नहीं हैं तो वर्तमान काल के वाक्य देखिए जैसे 'संगठन आरंभ कर रहा है।' यदि यह भी उपलब्ध न हो और भाषण सामग्री की भाषा भूतकाल के वाक्यों से भरी हो जो घटना के इतिहास से सम्बन्धित है तथा किसी पहलू पर जोर दिया जा रहा हो, तो उसे देखिए अर्थात मंत्री ने...के ऐतिहासिक महत्त्व पर बल दिया।

प्रेस विज्ञप्ति का प्रारूप (Format)

प्रेस विज्ञप्ति संस्थान के लैटरहैड पर होनी चाहिए जिस पर टेलीफोन नंबर लिखे हों। यह डबल स्पेस में टाइप की हुई होनी चाहिए तथा इस पर जनसम्पर्क अधिकारी के हस्ताक्षर, उसका नाम, डायरेक्ट फोन नं. और मोबाइल नंबर भी होना चाहिए ताकि रिपोर्टर विज्ञप्ति के सम्बन्ध में किसी भी बिंदु के विषय में स्पष्टीकरण प्राप्त कर सके। यदि सम्भव हो तो प्रेस विज्ञप्ति के लिए विशेष लैटरहैड मुद्रित किया जाना चाहिए। प्रेस विज्ञप्ति का शीर्षक देने की कोई आवश्यकता नहीं है क्योंकि यह कार्य उपसंपादक (sub-editor) का होता है।

याद रखिए कि विज्ञप्ति लैटरहैड पर छपने के कारण बहुत ही आकर्षक होनी चाहिए। इसकी फोटोकापियाँ भी पठनीय होनी चाहिए ताकि रिपोर्टर इसे पढ़ सके।

यदि सम्भव हो तो यह मूल रूप से कंप्यूटर पर टाइप होनी चाहिए। यह अंग्रेजी के साथ-साथ द्विभाषिक (हिंदी अथवा क्षेत्रीय भाषा में) होनी चाहिए।

4. 'कुछ नहीं' में से भी 'कुछ' : यदि कोई जनसम्पर्क अधिकारी उसे दी गई सामग्री से कोई समाचार प्रकाशित करता है, तो यह कोई बड़ी बात नहीं है। सबसे बड़ी चुनौती तो वास्तव में 'कुछ नहीं' में से भी 'कुछ' प्रकाशित करना है। जनसम्पर्क अधिकारी को संगठन में समाचारों को खोजने में अत्यंत सक्रिय रहना पड़ता है। इस उद्देश्य के लिए उसे समाचारपत्र का नियमित पाठक होना चाहिए। उसे समाचार मदों (news items) के इंट्रो का ध्यानपूर्वक अवलोकन करना चाहिए और यह लिख लेना चाहिए कि किस प्रकार के इंट्रो, विशेषकर समाचार एजेंसियों के इंट्रो सार्वभौमिक हैं।

हो सकता है कि प्रबंधन, विशेष समाचार को महत्त्वपूर्ण न समझे जबकि यह पहले पृष्ठ पर छपने योग्य हो।

केस-3

जब बदरपुर थर्मल पावर स्टेशन के महाप्रबंधक ने कार्यभार ग्रहण किया, उसने सामान्य प्रथा के अनुसार (जब कभी कोई नया प्रमुख कार्यभार ग्रहण करता है) कुछ उच्च स्तर और मध्यम स्तर के अधिकारियों का स्थानांतरण कर दिया और नए विभाग सृजित किए। इसे सामान्य कार्यकलाप माना गया और महाप्रबंधक ने महसूस किया कि यह बिल्कुल अंदरूनी मामला है और इसे प्रेस में जारी नहीं किया जाना चाहिए।

फिर भी, जनसम्पर्क अधिकारी द्वारा आश्वस्त किए जाने के बाद, निम्नलिखित विज्ञप्ति जारी की गई :

"नए महाप्रबंधक द्वारा बदरपुर थर्मल पावर स्टेशन का पुनर्गठन किया जा रहा है ताकि निरंतर विद्युत आपूर्ति की जा सके।"

किए गए इस नए प्रबंध (परिवर्तन) में संचालन एवं अनुरक्षण (operation and maintenance) में नया उपमहाप्रबंधक होगा जबकि ब्रेकडाउन (विद्युत की खराबी) को रोकने तथा तुरंत मरम्मत करने और राजधानी को अबाध विद्युत आपूर्ति प्रदान करने के लिए प्रबंध नियंत्रण प्रणाली (Management Control System) सृजित की गई है...

प्रमुख वित्तीय दैनिक पत्रों में यह मुख्य समाचार के रूप में प्रकाशित हुआ।

5. लिखिए, पुनः लिखिए, पुनः-पुनः लिखिए

प्रेस विज्ञप्तियों का विशेषज्ञ बनने के लिए जनसम्पर्क अधिकारी को विभिन्न कोणों से समाचार लिखने में सक्षम होना चाहिए क्योंकि उसे पता नहीं होता कि कौनसा दृष्टिकोण रिपोर्टर को ठीक लगेगा, यद्यपि कुछ दृष्टिकोणों को पूरे विश्व में स्वीकार किया जाता है।

उदाहरण : यदि समाचार प्रेस को जारी किया जाता है और यह ठीक ढंग से प्रेस में प्रकाशित नहीं होता, तो इसे दुबारा लिखिए और फिर इसे 5 दिन बाद जारी कीजिए। हमेशा याद रखिए कि प्रेस रिपोर्टर की स्मरणशक्ति 5 दिन के बाद कमजोर पड़ सकती है क्योंकि उसे हर रोज असंख्य समाचार देखने पड़ते हैं और उसका कार्यक्षेत्र बदलता रहता है। अतः जो प्रेस विज्ञप्ति जारी होती है, वह नए रिपोर्टर के हाथों में पहुँचती है और हो सकता है उसे यह पता न हो कि यह कुछ सप्ताह पहले एक अलग दृष्टिकोण से जारी की जा चुकी है।

केस-4

प्रेस विज्ञप्ति जारी करने के लिए नीचे एक पाठ प्रस्तुत किया गया है :

मूल्य सूचीपत्र

इन्दिरा गांधी राष्ट्रीय मुक्त विश्वविद्यालय

सामग्री निर्माण एवं वितरण प्रभाग

विपणन प्रकोष्ठ

इन्दिरा गांधी राष्ट्रीय मुक्त विश्वविद्यालय (इग्नू) की अध्ययन सामग्री के विषय में एक संदेश

इग्नू की अध्ययन सामग्री क्या है और यह अन्य प्रकाशनों से किस प्रकार भिन्न है?

पाठ्यचर्या आधारित पाठ्यसामग्री सम्बन्धित विषय क्षेत्र के प्रतिष्ठित प्रोफेसरों/विशेषज्ञों द्वारा विकसित की जाती है। पाठ्यसामग्री पढ़ने और समझने में आसान होती है और यह 'ज्ञात से अज्ञात' (known to unknown) के दर्शन पर आधारित है। संकल्पनाओं को भागों और उपभागों में विभाजित किया जाता है तथा स्वअध्ययन सामग्री उपकरणों की व्याख्या करने के लिए महत्त्व दिया जाता है। स्वशिक्षण सामग्री पाठ्यसामग्री को सरलतापूर्वक समझने के लिए पाठक को प्रेरित करने का एक उपागम है। इग्नू अध्ययन सामग्री में स्वशिक्षण उपागम अपनाया जाता है।

हमारी सामग्री किन्हें खरीदनी चाहिए?

आम लोग, जो इग्नू के विद्यार्थी नहीं है, बेहतर पढ़ाई में रुचि रखने वाले, वे विद्यार्थी जो कम-से-कम संदर्भ द्वारा विषय के बारे में ज्यादा-से-ज्यादा जानना चाहते हैं तथा वे अभ्यर्थी जो विभिन्न प्रतियोगी परीक्षाओं में बैठना चाहते हैं।

आपको हमारी सामग्री क्यों खरीदनी चाहिए?

इग्नू की अध्ययन सामग्री विषयवस्तु की दृष्टि से अत्यधिक गुणात्मक है। यह

विभिन्न प्रक्रिया परीक्षणों अर्थात सुव्यवस्थित पाठ्यक्रम की विकास योजना के एक अंग के रूप में पाठ्यक्रम निर्माण, पाठ्यक्रम अभिकल्पन (course designing) और मुद्रण सामग्री विकास से गुजरती है ताकि इसकी गुणवत्ता और प्रभाविता सुनिश्चित की जा सके। इसे हर पाँच वर्ष बाद अद्यतन किया जाता है। इग्नू सामग्री की वार्षिक बिक्री 1.5 करोड़ रुपए से अधिक है।

इग्नू अध्ययन सामग्री की बिक्री के लिए अनुबंधन एवं शर्तें

विश्वविद्यालय ने अपने मुख्यालय में तत्काल बिक्री (spot sale) के लिए, सोमवार से शुक्रवार प्रातः 10.00 बजे से सायं 3.30 बजे तक विपणन प्रकोष्ठ, एमपीडीडी, वेयरहाउस ब्लाक, मैदानगढ़ी, नई दिल्ली में व्यवस्था की है। फोन नं. 29533858 (निदेशक), 29535924-32 एक्सटेंशन 2023, फैक्स नं. 29535083 हैं।

अध्ययन सामग्री दिल्ली में देय डिमांड ड्राफ्ट/भारतीय पोस्टल आर्डर देकर खरीदी जा सकती है।

इग्नू सामग्री के प्राधिकृत बिक्री एजेंट

क्र.सं.	एजेंट का नाम	फोन नं.
1.	मैसर्स राज पुस्तक भंडार 54, सेंट्रल मार्केट लाजपत नगर, नई दिल्ली-110 024	011-29832627, 29845965 (मो.) 9810138927
2.	मैसर्स सेलेक्शन बुक सर्विस एच-24, मल्कागंज दिल्ली-110 007	(मो.) 9871472466
3.	मैसर्स रिटाना बुक्स 81, डिफेंस कलोनी फ्लाईओवर मार्किट नई दिल्ली-110024	011-24617278 फैक्सः 011-24636063
4.	मैसर्स पंजाब बुक डिपो नई सड़क, दिल्ली-110 006	011-23266766, 23260329
5.	मैसर्स कैडप्लान पब्लिशर्स एंड डिस्ट्रीब्यूटर्स जामिया मिल्लिया इस्लामिया नई दिल्ली-110 025	011-26985103

6. मैसर्स ज्ञानगंगा लिमिटेड 0612-2268394
5/5 बेबी होम, नार्थ एस.के.पुरी फैक्स : 0612-2261093
पटना-800 004

7. मैसर्स नावल्टी एंड कंपनी 0612-2672775
तारा भवन, पोस्ट बाक्स-27, 2302450, 2302291
अशोक राजपथ, पटना

8. मैसर्स आकाशी बुक डिपो
बोन बास्को रोड,
लैटुमरवाह, शिलांग

9. मैसर्स माडर्न बुक डिपो 517059, 546244
पोस्ट बाक्स नं. 45 फैक्स-टेली.0361-544791650
पान बाजार, मेन रोड
गुवाहटी-781 001, असम

10. मैसर्स चिल्ड्रने बुक सेंटर प्रा. लि. 650362(का.), 655048
मछुआ टोली,
पटना-800 004

1. इग्नू अध्ययन सामग्री के लिए क्रय आदेश (purchase order) इग्नू से किया जा सकता है ज़िसके प्राप्त होने पर प्रोफार्मा इंवाइस (proforma invoice) भेजी जाती है। जिसमें पाठ्यक्रम का ब्यौरा, मूल्य, मात्रा आदि होते हैं। इसके पश्चात 'इग्नू, नई दिल्ली' के पक्ष में देय बैंक डिमांड ड्राफ्ट के माध्यम से अग्रिम भुगतान किया जाना जरूरी है।
2. आर्डर देते समय मंगाने वाले क्रेता (खरीददार) द्वारा प्रत्येक पाठ्यक्रम का कोड, मूल्य और वांछित मात्रा का अवश्य उल्लेख किया जाना चाहिए।
3. विश्वविद्यालय केंद्रीय/राज्य स्थानीय सरकारों द्वारा स्थापित शैक्षिक संस्थाओं/राज्य/स्थानीय सरकारों को अपने पुस्तकालयों के लिए 25% संस्थागत छूट प्रदान करता है। छूट प्राप्त करने के लिए संस्थाओं को चाहिए कि वे अपने लैटरहैड पर अनुरोध भेजें।
4. विश्वविद्यालय, इग्नू अध्ययन सामग्री बेचने के लिए निर्धारित दरों पर अपने फुटकर एजेंटों को भी 25% छूट देता है।
5. जहाँ इग्नू, पुस्तक मेलों में भाग लेता है वहाँ सभी व्यक्तियों के लिए अध्ययन सामग्री की नकद बिक्री हेतु निर्धारित मूल्य पर एकसमान 10% छूट प्रदान की जाती है।
6. अध्ययन सामग्री का मूल्य रुपयों में है और इसमें समुद्री डाक खर्च और हवाई

भाड़ा पैकिंग आदि के डाकखर्च की लागत शामिल नहीं है। यह लागत खरीददारों को उठानी है। भेजे गए माल की डिलीवरी और किसी प्रकार की हानि माल प्राप्त करनेवाले व्यक्ति/संस्था द्वारा उठाई जाएगी और इग्नू इस हानि के लिए जिम्मेदार नहीं होगा।

7. पैकिंग खर्च 25/- रुपये प्रति बाक्स (लगभग 20 किलोग्राम) की समान दर पर होगा जिसमें लगभग अध्ययन सामग्री के 100 ब्लाक (खंड) हो सकते हैं।
8. डाक खर्च पंजीकृत पार्सल की डाक दरों के अनुसार होगा।
9. आर्डर के अनुसार सप्लाई किए गए माल को किसी भी स्थिति में वापस नहीं लिया जाएगा अथवा बदला नहीं जाएगा।
10. किसी भी विवाद के लिए न्यायक्षेत्र केवल दिल्ली न्यायालय होगा।

अधिक जानकारी के लिए कृपया निम्नलिखित को लिखिए :

कुलसचिव
सामग्री निर्माण एवं वितरण प्रभाग (विपणन प्रकोष्ठ)
इन्दिरा गांधी राष्ट्रीय मुक्त विश्वविद्यालय
मैदानगढ़ी, नई दिल्ली-110 068
टेलीफोन नं. 011-29533858 (सीधा), 29535924-32
फैक्स : 011-29535083
ई-मेल : registrarmpdd@ignou.ac.in
वेबसाइट : www.ignou.ac.in

उपर्युक्त पाठ के इंट्रो अनेक हो सकते हैं और यह सब जनसम्पर्क अधिकारी की सृजनशीलता पर निर्भर करता है।

कुछ विकल्प ध्यानपूर्वक देखिए क्योंकि प्रत्येक विकल्प प्रेस का ध्यान आकृष्ट कर सकता है।

विकल्प-1

प्रेस विज्ञप्ति

इन्दिरा गांधी राष्ट्रीय मुक्त विश्वविद्यालय (इग्नू) की पाठ्यक्रम सामग्री की बढ़ती हुई लोकप्रियता को देखते हुए, आम जनता के लाभ के लिए निशुल्क मूल्य सूचीपत्र प्रदान किया जाता है।

इस मूल्य सूचीपत्र में भुगतान के आधार पर इग्नू की सभी पाठ्यक्रम सामग्री शामिल है और कोई भी व्यक्ति जो इग्नू पाठ्यक्रमों में प्रवेश नहीं चाहता परंतु अपने ज्ञान को अद्यतन करना चाहता है, वह खुले बाजार में किसी अन्य पाठ्यपुस्तक की तरह इस सामग्री को खरीद सकता है।

विश्वविद्यालय के सामग्री निर्माण एवं वितरण प्रभाग (एमपीडीडी) के कुलसचिव

ने कहा कि इग्नू पाठ्यक्रम सामग्री देश में विद्यार्थियों के बीच अत्यंत लोकप्रिय है। आम जनता और वे लोग जो इग्नू के विद्यार्थी नहीं हैं, सेवारत कार्मिक, विशेषकर सिविल सेवाओं के इच्छुक लोग तथा परंपरागत विश्वविद्यालयों के अध्यापक/अध्यापिकाएँ भी हमारी पाठ्यक्रम सामग्री खरीदते हैं। यहाँ तक कि विदेशों में भी अनेक संस्थाओं ने अपनी आवश्यकताओं के अनुसार इग्नू की पाठ्यक्रम सामग्रियों को अंगीकार कर लिया है/अनुकूल बना लिया है। वर्ष 2004-2005 के दौरान इग्नू पाठ्यक्रम सामग्री की बिक्री भारत में 1.5 करोड़ रुपए को पार गई।

स्वशिक्षण पाठ्यक्रम सामग्री को सर्वोत्तम व्यवहारों और विविध अनुभवों का प्रयोग करके कठोर प्रक्रिया के बाद विकसित किया गया है और इसकी विषयवस्तु को प्रत्येक 5 वर्षों के बाद अद्यतन किया जाता है।

विकल्प-2

कुलसचिव, सामग्री निर्माण एवं वितरण प्रभाग (एमपीडीडी), इन्दिरा गांधी राष्ट्रीय मुक्त विश्वविद्यालय (इग्नू) ने कहा है कि इग्नू पाठ्यसामग्री भारत में विद्यार्थियों के बीच अत्यंत लोकप्रिय है।

आम जनता और वे लोग जो इग्नू के विद्यार्थी नहीं है, सेवारत कार्मिक, विशेषकर सिविल सेवाओं के इच्छुक लोग तथा परंपरागत विश्वविद्यालयों के अध्यापक/अध्यापिकाएँ हमारी पाठ्यसामग्री के ग्राहक हैं। यहाँ तक कि विदेशों में भी अनेक संस्थाओं ने अपनी आवश्यकताओं के अनुसार इग्नू की पाठ्यक्रम सामग्रियों को अंगीकार कर लिया है/अनुकूल बना लिया है। स्वशिक्षण सामग्री को सर्वोत्तम व्यवहारों और विविध अनुभवों का प्रयोग करके कठोर प्रक्रिया के बाद विकसित किया गया है। इसकी विषयवस्तु को प्रत्येक 5 वर्षों के बाद अद्यतन किया जाता है। वर्ष 2004-2005 के दौरान भारत में इग्नू पाठ्यक्रम सामग्री की बिक्री 1.5 करोड़ रुपए को पार गई।

पाठ्यक्रम सामग्री सरलता से उपलब्ध हो जाए, इसके लिए इग्नू ने भारत में 10 प्राधिकृत बिक्री एजेंटों को नियुक्त किया है। अधिक जानकारी इग्नू वेबसाइट www.ignou.ac.in पर उपलब्ध है।

विकल्प-3

पाठ्यक्रम सामग्री सरलता से उपलब्ध हो जाए, इसके लिए इग्नू ने भारत में दिल्ली, पटना, शिलांग और असम में 10 प्राधिकृत बिक्री एजेंटों को नियुक्त किया है। अधिक जानकारी इग्नू वेबसाइट www.ignou.ac.in पर उपलब्ध है।

विश्वविद्यालय के सामग्री निर्माण एवं वितरण प्रभाग (एमपीडीडी) के कुलसचिव

ने कहा कि इग्नू पाठ्यक्रम सामग्री देश में विद्यार्थियों के बीच अत्यंत लोकप्रिय है। आम जनता और वे लोग जो इग्नू के विद्यार्थी नहीं हैं, सेवारत कार्मिक, विशेषकर सिविल सेवाओं के इच्छुक लोग तथा परंपरागत विश्वविद्यालयों के अध्यापक/अध्यापिकाएँ हमारी पाठ्यक्रम सामग्री खरीदते हैं। यहाँ तक कि विदेशों में भी अनेक संस्थाओं ने अपनी आवश्यकताओं के अनुसार इग्नू की पाठ्यक्रम सामग्रियों को अंगीकार कर लिया है/अनुकूल बना लिया है। वर्ष 2004-2005 के दौरान इग्नू पाठ्यक्रम सामग्री की बिक्री भारत में 1.5 करोड़ रुपए को पार कर गई।

स्वशिक्षण सामग्री को सर्वोत्तम व्यवहारों और विविध अनुभवों का प्रयोग करके कठोर प्रक्रिया के बाद विकसित किया गया है और इसकी विषयवस्तु को प्रत्येक 5 वर्षों के बाद अद्यतन किया जाता है।

विकल्प-4

इन्दिरा गांधी राष्ट्रीय मुक्त विश्वविद्यालय (इग्नू) की पाठ्यक्रम सामग्री की बिक्री वित्तीय वर्ष 2004-2005 के दौरान 1.5 करोड़ रुपए को पार कर गई।

कुलसचिव, सामग्री निर्माण एवं वितरण प्रभाग (एमपीडीडी), इन्दिरा गांधी राष्ट्रीय मुक्त विश्वविद्यालय (इग्नू) ने कहा है कि इग्नू की पाठ्यसामग्री भारत में विद्यार्थियों के बीच अत्यंत लोकप्रिय है। आम जनता और वे लोग जो इग्नू के विद्यार्थी नहीं हैं, सेवारत कार्मिक, विशेषकर सिविल सेवाओं के इच्छुक लोग तथा परंपरागत विश्वविद्यालयों के अध्यापक/अध्यापिकाएँ हमारी पाठ्यक्रम सामग्री खरीदते हैं। यहाँ तक कि विदेशों में भी अनेक संस्थाओं ने अपनी आवश्यकताओं के अनुसार इग्नू की पाठ्यक्रम सामग्रियों को अंगीकार कर लिया है/अनुकूल बना लिया है।

स्वशिक्षण सामग्री को सर्वोत्तम व्यवहारों और विविध अनुभवों का प्रयोग करके कठोर प्रक्रिया के बाद विकसित किया गया है और इसकी विषयवस्तु को प्रत्येक 5 वर्षों के बाद अद्यतन किया जाता है।

पाठ्यक्रम सामग्री सरलता से उपलब्ध हो जाए, इसके लिए इग्नू ने भारत में दिल्ली, पटना, शिलांग और असम में 10 प्राधिकृत एजेंटों को नियुक्त किया है। अधिक जानकारी इग्नू वेबसाइट www.ignou.ac.in पर उपलब्ध है।

विकल्प-5

इन्दिरा गांधी राष्ट्रीय मुक्त विश्वविद्यालय (इग्नू) के सामग्री निर्माण एवं वितरण प्रभाग (एमपीडीडी) के कुलसचिव ने घोषणा की कि विश्वविद्यालय की पाठ्यक्रम सामग्री को हर पांच वर्षो के बाद अद्यतन किया जाता है।

पाठ्यक्रम सामग्री सरलता से उपलब्ध हो जाए, इसके लिए इग्नू ने भारत में

दिल्ली, पटना, शिलांग और असम में 10 प्राधिकृत एजेंटों को नियुक्त किया है। अधिक जानकारी इग्नू वेबसाइट www.ignou.ac.in पर उपलब्ध है।

वित्तीय वर्ष 2004-2005 के दौरान इग्नू पाठ्यक्रम सामग्री की बिक्री भारत में 1.5 करोड़ रुपए को पार कर गई।

कुलसचिव, सामग्री निर्माण एवं वितरण प्रभाग (एमपीडीडी), इन्दिरा गांधी राष्ट्रीय मुक्त विश्वविद्यालय (इग्नू) ने कहा है कि इग्नू की पाठ्यसामग्री भारत में विद्यार्थियों के बीच अत्यंत लोकप्रिय है। आम जनता और वे लोग जो इग्नू के विद्यार्थी नहीं हैं, सेवारत कार्मिक, विशेषकर सिविल सेवाओं के इच्छुक लोग तथा परंपरागत विश्वविद्यालयों के अध्यापक/अध्यापिकाएँ हमारी पाठ्यसामग्री के ग्राहक हैं। यहाँ तक कि विदेशों में भी अनेक संस्थाओं ने अपनी आवश्यकताओं के अनुसार इग्नू की पाठ्यक्रम सामग्रियों को अंगीकार कर लिया है/अनुकूल बना लिया है।

विकल्प-6

इन्दिरा गांधी राष्ट्रीय मुक्त विश्वविद्यालय (इग्नू) ने अपने मुख्यालय के परिसर में अपनी पाठ्यक्रम सामग्री की तत्काल बिक्री के लिए सोमवार से शुक्रवार तक उचित प्रबंध किए हैं।

पाठ्यक्रम सामग्री सरलता से उपलब्ध हो जाए, इसके लिए इग्नू ने भारत में दिल्ली, पटना, शिलांग और असम में 10 प्राधिकृत एजेंटों को नियुक्त किया है। अधिक जानकारी इग्नू वेबसाइट www.ignou.ac.in पर उपलब्ध है।

वर्ष 2004-2005 के दौरान इग्नू पाठ्यक्रम सामग्री की बिक्री भारत में 1.5 करोड़ रुपए को पार कर गई।

विश्वविद्यालय के सामग्री निर्माण एवं वितरण प्रभाग (एमपीडीडी) के कुलसचिव ने कहा कि इग्नू पाठ्यक्रम सामग्री देश में विद्यार्थियों के बीच अत्यंत लोकप्रिय है। आम जनता और वे लोग जो इग्नू के विद्यार्थी नहीं हैं, सेवारत कार्मिक, विशेषकर सिविल सेवाओं के इच्छुक लोग तथा परंपरागत विश्वविद्यालयों के अध्यापक/अध्यापिकाएँ हमारी पाठ्यक्रम सामग्री खरीदते हैं। यहाँ तक कि विदेशों में भी अनेक संस्थाओं ने अपनी आवश्यकताओं के अनुसार इग्नू की पाठ्यक्रम सामग्रियों को अंगीकार कर लिया है/अनुकूल बना लिया है।

विकल्प-7

इन्दिरा गांधी राष्ट्रीय मुक्त विश्वविद्यालय (इग्नू) के कुलसचिव, सामग्री निर्माण एवं वितरण प्रभाग ने घोषणा की कि इग्नू की पाठ्यक्रम सामग्री भारत में अन्य

प्रकाशनों के मुकाबले स्वशिक्षण सामग्री का अनुसरण करती है।

पाठ्यचर्या (curriculum) आधारित पाठ्यसामग्री सम्बन्धित क्षेत्र के प्रतिष्ठित प्रोफेसरों, विशेषज्ञों द्वारा ज्ञात से अज्ञात की विचारधारा के आधार पर विकसित की जाती है।

स्वशिक्षण सामग्री एक ऐसा उपागम है जो पाठ्यसामग्री को सरलता से समझने के लिए प्रेरित करता है क्योंकि अवधारणाओं को भागों और उपभागों में विभाजित किया जाता है तथा स्व-अध्ययन साधनों की व्याख्या करने के लिए समान महत्त्व दिया जाता है।

वित्तीय वर्ष 2004-2005 के दौरान इग्नू पाठ्यक्रम सामग्री की बिक्री 1.5 करोड़ रुपए को पार कर गई।

विश्वविद्यालय के सामग्री निर्माण एवं वितरण प्रभाग (एमपीडीडी) के कुलसचिव ने कहा कि इग्नू पाठ्यक्रम सामग्री देश में विद्यार्थियों के बीच अत्यंत लोकप्रिय है। आम जनता और वे लोग जो इग्नू के विद्यार्थी नहीं हैं, सेवारत कार्मिक, विशेषकर सिविल सेवाओं के इच्छुक लोग तथा परंपरागत विश्वविद्यालयों के अध्यापक/अध्यापिकाएँ हमारी पाठ्यक्रम सामग्री खरीदते हैं। यहाँ तक कि विदेशों में भी अनेक संस्थाओं ने अपनी आवश्यकताओं के अनुसार इग्नू की पाठ्यक्रम सामग्रियों को अंगीकार कर लिया है/अनुकूल बना लिया है।

विकल्प-8

इन्दिरा गांधी राष्ट्रीय मुक्त विश्वविद्यालय (इग्नू) द्वारा उन पुस्तक मेलों में अध्ययन सामग्री की नकद बिक्री के लिए समान 10% छूट दी जाएगी जहाँ-जहाँ इग्नू इनमें भाग लेगा।

यह विश्वविद्यालय केंद्रीय/राज्य/स्थानीय सरकारों द्वारा स्थापित शिक्षा संस्थाओं/विश्वविद्यालयों को उनके पुस्तकालयों के लिए 25% संस्थागत छूट प्रदान करता है। इग्नू ने अपनी निर्धारित दरों पर इग्नू सामग्री बेचने के लिए अपने प्राधिकृत फुटकर एजेंटों को 25% की छूट देने का भी निर्णय किया है।

वित्तीय वर्ष 2004-2005 के दौरान इग्नू पाठ्यक्रम सामग्री की बिक्री 1.5 करोड़ रुपए को पार कर गई।

विश्वविद्यालय के सामग्री निर्माण एवं वितरण प्रभाग (एमपीडीडी) के कुलसचिव ने कहा कि इग्नू पाठ्यक्रम सामग्री देश में विद्यार्थियों के बीच अत्यंत लोकप्रिय है। आम जनता और वे लोग जो इग्नू के विद्यार्थी नहीं हैं, सेवारत कार्मिक, विशेषकर सिविल सेवाओं के इच्छुक लोग तथा परंपरागत विश्वविद्यालयों के अध्यापक/अध्यापिकाएँ हमारी पाठ्यक्रम सामग्री खरीदते हैं। यहाँ तक कि विदेशों में भी अनेक संस्थाओं ने

अपनी आवश्यकताओं के अनुसार इग्नू की पाठ्यक्रम सामग्रियों को अंगीकार कर लिया है/अनुकूल बना लिया है।

केस-5

उद्घाटन भाषण दिनांक : 19-11-2005

श्री अर्जुन सिंह

मानव संसाधन विकास मंत्री

भारत सरकार

कामनवैल्थ आफ लर्निंग के अध्यक्ष और मुख्य कार्यकारी अधिकारी जॉन डेनियल; अंतरराष्ट्रीय दूर शिक्षा सम्मेलन के कार्यकारी अध्यक्ष प्रोफेसर हेल्मट होयर; इन्दिरा गांधी राष्ट्रीय मुक्त विश्वविद्यालय (इग्नू) के कुलपति प्रोफेसर एच.पी.दीक्षित; समकुलपति एस.सी. गर्ग; प्रतिष्ठित प्रतिनिधिगण; मीडिया बंधुओ; महिलाओ और भद्रजनो,

मुझे पूरे विश्व से सर्वाधिक प्रतिष्ठित विद्वानों और मुक्त, दूर और आनलाइन शिक्षा (ओ.डी.एल.) के नेताओं के जनसमूह के साथ अंतःसम्पर्क करने में अत्यंत हर्ष हो रहा है, विशेषकर उस दिन जब स्वतन्त्र भारत की एक सर्वाधिक गतिशील नेताओं में से एक नेता श्रीमती इन्दिरा गांधी का जन्म हुआ था और इन्दिरा गांधी राष्ट्रीय मुक्त विश्वविद्यालय (इग्नू) की ठीक 20 वर्ष पहले स्वर्गीय प्रधानमंत्री राजीव गांधी ने आधारशिला रखी थी।

मुझे बताया गया है कि इग्नू अंतरराष्ट्रीय दूर शिक्षा सम्मेलन (आई.सी.डी.ई.) के साथ वैश्वीकरण और सहगामी प्रतिस्पर्धा को देखते हुए सहयोग के मुद्दे पर विचार-विमर्श करने के लिए यह अंतरराष्ट्रीय सम्मेलन आयोजित कर रहा है। हमें अपने परस्पर लाभ के लिए सम्पर्क करने तथा सहयोग करने की आवश्यकता है। मुझे खुशी है कि भारत में मुक्त एवं दूर शिक्षा पद्धति न केवल 12 मुक्त विश्वविद्यालयों और 106 दोहरी पद्धति के विश्वविद्यालयों/दूर शिक्षा संस्थानों के माध्यम से कार्य कर रही है, बल्कि परिसर आधारित शिक्षा की परंपरागत पद्धति के साथ भी पर्याप्त सहक्रिया कर रही है। इस देश में मुक्त और दूर शिक्षा पद्धति का विस्तार प्रभावशाली रहा है और आज इसमें बीस लाख से भी अधिक विद्यार्थियों का नामांकन है जो उच्च शिक्षा में विद्यार्थियों का लगभग एक-चौथाई भाग है। मुझे विश्वास है कि उन जबरदस्त स्वदेशी योग्यताओं और सक्षमता जिन्हें हमारे शिक्षाविदों और कार्यकर्ताओं ने प्राप्त किया है, उससे भविष्य में कुल नामांकन बढ़ने के हमारे उद्देश्य को प्राप्त करने में सहायता मिलेगी। देश को बड़ी आशाएँ हैं कि मुक्त और दूर शिक्षा पद्धति के योगदान से उच्च शिक्षा में सकल नामांकन अनुपात (Gross Enrolment Ratio) में सुधार होगा जो इस समय लगभग नौ है जो बहुत कम है। आज हमें अपने जबरदस्त मीडिया और

प्रौद्योगिकी के विकास/घटनाओं पर गर्व है। हमारे उपग्रह समर्थित नेटवर्क पर्याप्त ब्रॉडबैंड इंटरनेट और डिजीटल विषयवस्तु प्रसारण करते हैं। भारतीय अंतरिक्ष अनुसंधान संगठन (आई.एस.आर.ओ.) द्वारा एडुसैट का सफल प्रारंभ होने से जोकि शिक्षा के लिए एक समर्पित उपग्रह है-हम उस युग में हैं जहाँ इंटरनेट और इंटरानेट दोनों का ही प्रयोग प्रसारण, अंतःसम्पर्क, वार्ता, डिजीटल भंडारों, डिजीटल मल्टीमीडिया विषयवस्तु तथा शिक्षा और अनुसंधान के लिए किया जा सकता है। मुझे यह भी प्रसन्नता है कि प्रो. दीक्षित के योग्य मार्गदर्शन में देश के सभी कोनों में उपग्रह समर्थित सूचना और संचार प्रौद्योगिकी सक्षम शिक्षा के लाभों को उपलब्ध कराने के लिए अनेक नेटवर्क स्थापित करने का प्रयास किया जा रहा है। इग्नू ने पूरे देश में 131 अंतःसंपर्कात्मक टर्मिनल पहले से ही स्थापित कर दिए हैं और इस उद्देश्य के लिए मुक्त तथा दूर शिक्षा का एक राष्ट्रीय नेटवर्क तथा अंतर-विश्वविद्यालय संघ स्थापित किया है। अन्य प्रमुख राष्ट्रीय एजेंसियाँ जैसे अखिल भारतीय तकनीकी शिक्षा परिषद (ए.आई.सी.टी.ई.), राष्ट्रीय शैक्षिक अनुसंधान एवं प्रशिक्षण परिषद (एन.सी.ई.आर.टी.) और विश्वविद्यालय अनुदान आयोग (यू.जी.सी.) शीघ्र ही अपने स्वयं के राष्ट्रीय नेटवर्कों के साथ 100 टर्मिनलों सहित इस नेटवर्क में शामिल हो जाएँगे।

भारत में इस प्रौद्योगिकीय विकास में सभी सार्क देश जिसमें बंगलादेश, भूटान, नेपाल, मालदीव और पाकिस्तान का पूर्वी भाग भी शामिल हैं, सरकार टेली-शिक्षा के माध्यम से अफ्रीकी संघ के सभी 53 देशों में राष्ट्रीय और क्षेत्रीय विकास के लिए प्रौद्योगिकी का प्रयोग करने हेतु प्रतिबद्ध है तथा टेली-शिक्षा का एक शिक्षण-छोर (teaching end) इग्नू परिसर में स्थित होगा। मुझे प्रो. दीक्षित ने बताया है कि इग्नू ने एक कार्य योजना पहले ही तैयार कर ली है और इसके पास अपेक्षित बुनियादी संरचना मौजूद है। मैं इसरो और इग्नू दोनों को उच्च कोटि की जनशिक्षा और प्रशिक्षण तथा राष्ट्र निर्माण के इस कार्य में पहल के लिए बधाई देता हूँ" हम स्कूली शिक्षा का स्तर सुधारने और एडुसैट समर्थित प्रारंभिक शिक्षा सम्बन्धी राजीव गांधी परियोजना" के माध्यम से ग्रामीण और जनजातीय क्षेत्रों में वंचित समुदायों को यह सुविधा प्रदान करने के लिए वचनबद्ध हैं। हिंदी माध्यम में शुरू की गई यह परियोजना महत्त्वपूर्ण सूचना और संचार प्रौद्योगिकी सक्षम शैक्षिक सोफ्टवेयर विकसित करेगी और बालकों तथा अध्यापकों की शिक्षा की गुणवत्ता सुधारने के लिए इसका प्रसार भी सुनिश्चित करेगी एवं साक्षरता और प्रौढ़ शिक्षा कार्यक्रमों को प्रोत्साहित करेगी। लगभग 12 उपग्रह अंतःसपर्कात्मक टर्मिनल और 850 प्रापक टर्मिनल (receive terminals) स्थापित किए जा रहे हैं एवं लगभग 900 अध्यापक/अध्यापिकाओं को दक्ष विशेषज्ञों के रूप में प्रशिक्षित किया जा रहा है। इग्नू ने एफ.एम.रेडियो और अंतःसंपर्कात्मक रेडियो परामर्श के साथ भी सफलतापूर्वक प्रयोग किया है। संभावनाएँ आश्चर्यजनक हैं

और इनका प्रयोग लोगों की भलाई के लिए किया जाना चाहिए।

इस वर्ष सिंतबर में इग्नू द्वारा आयोजित दूसरे महाविश्वविद्यालय सम्मेलन-जीएमयूएनईटी का उद्घाटन करते समय, मैंने अल्पसंख्यकों और सुविधावंचितों की शिक्षा, उचित सीमाओं के अंदर लागतों को रखने के लिए संसाधनों की नेटवर्किंग तथा आदान-प्रदान, निचले स्तर तक विद्यार्थियों तक प्रौद्योगिकी को पहुँचाने और गुणवत्ता आश्वासन की आवश्यकता के बारे में एक विचार व्यक्त किया था। इनमें मैं और विचार जोडूंगा जो शिक्षण अभिकल्प (instructional design) और वितरण, पाठ्यचर्या में मीडिया और प्रौद्योगिकी को इस ढंग से मिलाने में है जो विद्यार्थी की अधिक पहुँच, अनुभव और संतोष में वृद्धि सुनिश्चित करने के साथ-साथ परंपरागत और दूर शिक्षा पद्धतियों के निरंतर मेल के लिए लगातार सहयोग स्थापित करने में भी योगदान करेगी। हम शिक्षा की घटिया पद्धतियों और नेटवर्कों को समाप्त करने के लिए वचनबद्ध हैं और मुझे आशा है कि दूर शिक्षा परिषद शीघ्र ही सभी प्रकार की मुक्त शिक्षा को नियंत्रित करने और निगरानी रखने के लिए एक स्वतन्त्र प्राधिकरण होगी।

हमारे संविधाान में, प्रत्येक नागरिक को एक मौलिक अधिकार के रूप में 14 वर्ष तक की आयु तक शिक्षा का प्रावधान किया गया है। सूचना का अधिकार भी लागू हो गया है। मुझे विश्वास है कि इन नागरिक सुधारों के कारण हम नागरिक शासन में पारदर्शिता और सर्वोत्तम व्यवहारों की ओर बढ़ रहे हैं। इन प्रयासों को सूचना और संचार प्रौद्योगिकी सक्षम तथा विद्यार्थी केंद्रिक शिक्षा से भविष्य में समर्थन मिलेगा। मुझे पूरा भरोसा है और मैं समझता हूँ कि सम्मेलन में उपस्थित प्रतिष्ठित विद्वान वैश्वीकरण, सीमापार वितरण के मुद्दों तथा सहयोग और स्वस्थ प्रतिस्पर्धा की आवश्यकता पर गंभीर रूप से विचार-विमर्श करेंगे। दूर शिक्षा समुदाय को राष्ट्रीय हित, सांस्कृतिक बहुलता और हमारे लोकतांत्रिक मूल्यों के प्रति आवश्यक संवेदनशीलता के साथ-साथ शिक्षा एवं अध्ययन संसाधनों की गुणवत्ता सुनिश्चित करने के लिए गुणवत्ता आश्वासन के उपायों पर भी काम करने की जरूरत है।

जो न्यायिक निर्णय हमें व्यापक व्यावसायीकरण के प्रति चेतावनी देते हैं, उनका भी ध्यान रखा जाना चाहिए।

मैं इस अंतरराष्ट्रीय सम्मेलन की महान सफलता की कामना करता हूँ जिसका उद्देश्य मुक्त और दूर शिक्षा पद्धति को अधिकाधिक मजबूत बनाना है।

जय हिंद ,

श्री अर्जुन सिंह
माननीय मानव संसाधन विकास मंत्री,
भारत सरकार,
शास्त्री भवन,
नई दिल्ली-110 001, भारत

उपर्युक्त भाषण पर आधारित प्रेस विज्ञप्ति निम्नलिखित हो सकती है :

दिनांक : 19.11.2005

मानव संसाधन विकास मंत्री श्री अर्जुन सिंह ने आज घोषणा की कि भारत सरकार ने अफ्रीकी संघ के सभी 53 देशों में राष्ट्रीय और क्षेत्रीय विकास के लिए अपनी सुविधाएँ और संचार प्रौद्योगिकी का प्रयोग करने का निर्णय लिया है। सरकार टेली-शिक्षा के माध्यम से शिक्षा प्रदान करेगी और इसका एक शिक्षण छोर (teaching end) इन्दिरा गांधी राष्ट्रीय मुक्त विश्वविद्यालय (इग्नू) में होगा।

वे राजधानी में 19-23 नवंबर, 2005 तक इग्नू द्वारा आयोजित किए जा रहे मुक्त एवं दूर शिक्षा सम्बन्धी आई.सी.डी.ई. अंतरराष्ट्रीय सम्मेलन में उद्घाटन भाषण दे रहे थे। इस सम्मेलन में 30 देशों के 300 से भी अधिक प्रतिनिधियों ने भाग लिया।

उन्होंने कहा कि इग्नू ने पहले ही एक कार्य योजना तैयार कर ली है और जरूरी सुविधाएँ मौजूद हैं। भारत में इस प्रौद्योगिकीय विकास में सभी सार्क देश अर्थात बंगलादेश, भूटान, नेपाल, श्रीलंका, मालदीव और पाकिस्तान के पूर्वी भाग शामिल हैं।

माननीय मंत्री ने कहा कि भारतीय अंतरिक्ष अनुसंधान संगठन (आई.एस. आर.ओ.) द्वारा एडुसैट का सफल प्रारंभ होने से जोकि शिक्षा के लिए एक समर्पित उपग्रह है--हम उस युग में हैं जहाँ इंटरनेट और इंटरानेट दोनों का ही प्रयोग प्रसारण, अंतःसम्पर्क, वार्ता, डिजीटल भंडारों, डिजीटल मल्टीमीडिया विषयवस्तु तथा शिक्षा और अनुसंधान के लिए किया जा सकता है।

देश के सभी कोनों में उपग्रह समर्थित सूचना और संचार प्रौद्योगिकी सक्षम शिक्षा के लाभों को उपलब्ध कराने के लिए अनेक नेटवर्क स्थापित करने का प्रयास किया जा रहा है। इग्नू ने पूरे देश में 131 अंतःसंपर्कात्मक टर्मिनल पहले से ही स्थापित कर दिए हैं और इस उद्देश्य के लिए मुक्त तथा दूर शिक्षा का एक राष्ट्रीय नेटवर्क तथा अंतर-विश्वविद्यालय संघ स्थापित किया है। अन्य प्रमुख राष्ट्रीय एजेंसियाँ जैसे अखिल भारतीय तकनीकी शिक्षा परिषद (ए.आई.सी.टी.ई.), राष्ट्रीय शैक्षिक अनुसंधान एवं प्रशिक्षण परिषद (एन.सी.ई.आर.टी.) और विश्वविद्यालय अनुदान आयोग (यू.जी.सी.) शीघ्र ही अपने स्वयं के राष्ट्रीय नेटवर्कों के साथ 100 टर्मिनलों सहित इस नेटवर्क में शामिल हो जाएँगे।

उन्होंने कहा कि हम स्कूली शिक्षा का स्तर सुधारने और 'एडुसैट समर्थित प्रारंभिक शिक्षा सम्बन्धी राजीव गांधी परियोजना' के माध्यम से वंचित समुदायों को यह सुविधा प्रदान करने के लिए वचनबद्ध हैं। हिंदी माध्यम में शुरू की गई यह परियोजना महत्त्वपूर्ण सूचना और संचार प्रौद्योगिकी-सक्षम शैक्षिक सोफ्टवेयर विकसित करेगी और बालकों तथा अध्यापकों की शिक्षा की गुणवत्ता सुधारने के

लिए इसका प्रसार सुनिश्चित करेगी एवं साक्षरता और प्रौढ़ शिक्षा कार्यक्रमों को प्रोत्साहित करेगी। लगभग 12 उपग्रह अंतःसंपर्कात्मक टर्मिनल और 850 प्रापक टर्मिनल (receive terminals) स्थापित किए जा रहे हैं एवं लगभग 900 अध्यापक/अध्यापिकाओं को दक्ष विशेषज्ञों के रूप में प्रशिक्षित किया जा रहा है। इग्नू ने एफ.एम. रेडियो और अंतःसंपर्कात्मक रेडियो परामर्श के साथ भी सफलतापूर्वक प्रयोग किया है। संभावनाएँ आश्चर्यजनक हैं और इनका प्रयोग लोगों की भलाई के लिए किया जाना चाहिए।

मुख्य जनसम्पर्क अधिकारी

केस-6

भारत के राष्ट्रपति ने इग्नू का दीक्षांत भाषण दिया जिसे नीचे प्रस्तुत किया गया है। लगभग 20 समाचारपत्रों में वही 'इंट्रो' एकमत से प्रकाशित किया गया जिसे राष्ट्रपति के पाठ (text) के बाद प्रस्तुत किया गया है। यह दर्शाता है कि यद्यपि किसी समाचार को विभिन्न दृष्टिकोणों से प्रकाशित किया जा सकता है परंतु कुछ 'इंट्रो' सार्वभौमिक होते हैं।

इन्दिरा गांधी राष्ट्रीय मुक्त विश्वविद्यालय के 16वें दीक्षांत समारोह में भाषण 05-03-2005 : नई दिल्ली

दूर शिक्षा का महत्त्व कैसे बढ़ाया जाए?

मुझे, इन्दिरा गांधी राष्ट्रीय मुक्त विश्वविद्यालय (इग्नू) के 16वें दीक्षांत समारोह में भाग लेकर वास्तव में अत्यंत प्रसन्नता हो रही है। मैं, कुलपति, समकुलपति, विद्यापीठों के निदेशकों, प्रोफेसरों, अध्यापकों और स्टाफ का युवा मस्तिष्कों को गढ़ने में उनके योगदान का स्वागत करता हूँ ताकि वे विभिन्न क्षेत्रों में राष्ट्र के प्रति योगदान कर सकें। मुझे विश्वविद्यालय के विद्यार्थियों को उनके शैक्षिक कार्यनिष्पादन के लिए बधाई देने का अवसर प्राप्त हुआ है। जो विद्यार्थी अधिक से अधिक सीखना चाहते हैं, विश्वविद्यालयों को विभिन्न विषयों में दूरदराज के क्षेत्रों में दूर शिक्षा के अवसर प्रदान करके राष्ट्र निर्माण में प्रमुख जिम्मेदारी निभानी है। इसके अतिरिक्त, ऐसे अनेक विद्यार्थी हैं जो अपने परिवार के लिए कमाने हेतु अपना अध्ययन छोड़ देते हैं। उनमें अपने आपको सुधारने की इच्छा होती है और इसके अलावा ज्ञान चाहने वाले लोग भी हैं। दूर शिक्षा उन्हें यह अवसर प्रदान करती है। इस प्रकार, दूर शिक्षा की बहुत बड़ी सामाजिक-आर्थिक प्रासंगिकता है। मैं, यह देखकर प्रसन्न हूँ कि इस विश्वविद्यालय ने देश में उच्च शिक्षा के विकास

में पर्याप्त योगदान दिया है और इस समय अपनी इस भूमिका में 13 लाख से अधिक विद्यार्थी हैं। इस विश्वविद्यालय ने पिछले 15 वर्षों से शिक्षा का प्रसार करने के कार्य में अत्यंत योगदान किया है। मैं सोच रहा था कि कौन से विचारों का मैं इस दूर शिक्षा केंद्र के बुद्धिमान सदस्यों के साथ विनिमय करूँ। मैंने "दूर शिक्षा का महत्त्व कैसे बढ़ाया जाए?" विषय चुना है।

ज्ञान-आधारित समाज का विकास

पिछली शताब्दी के दौरान, विश्व के कृषि समाज में परिवर्तन हुआ है जहाँ शारीरिक श्रम औद्योगिक समाज का महत्त्वपूर्ण कारक था और जहाँ प्रौद्योगिकी, पूंजी और श्रम के प्रबंध ने प्रतिस्पर्धात्मक लाभ प्रदान किया। पिछले दशक में सूचना युग का आरंभ हुआ जहाँ कनेक्टीविटी और सोफ्टवेयर उत्पाद कुछ देशों की अर्थव्यवस्था चला रहे हैं। 21वीं शताब्दी में एक नए समाज का अभ्युदय हो रहा है जहाँ पूंजी और श्रम के बजाए ज्ञान प्राथमिक उत्पादन का संसाधन है। ज्ञान-आधारित समाज को आविष्कार करने की क्षमता द्वारा शक्ति प्रदान की जाती है। इस मौजूदा ज्ञान का दक्ष उपयोग राष्ट्र की विस्तृत संपदा सृजित कर सकता है और बेहतर स्वास्थ्य, शिक्षा, बुनियादी ढांचे तथा अन्य सामाजिक संकेतकों (indicators) के रूप में जीवन की गुणवत्ता को सुधार सकता है। ज्ञान के बुनियादी ढांचे को सृजित करने और उसे बनाए रखने की क्षमता, ज्ञान-कार्मिकों (knowledge workers) का विकास करना और नए ज्ञान के सृजन, संवृद्धि और उपयोग के माध्यम से उनकी उत्पादकता बढ़ाना इस ज्ञान-आधारित समाज की समृद्धि को निर्धारित करने में मुख्य कारक होंगे। क्या देश ज्ञान-आधारित समाज के स्तर पर पहुँचा है अथवा नहीं, इसका आकलन देश सूचना प्रौद्योगिकी, उद्योगों, कृषि, स्वास्थ्य देखभाल आदि जैसे सभी क्षेत्रों में ज्ञान, सृजन और ज्ञान के प्रयोग के आधार पर करता है।

इग्नू को अपनी मूल्यवर्धित दूर शिक्षा पद्धति के माध्यम से अपने समाज को ज्ञान-आधारित समाज में बदलने की रूपांतरण प्रक्रिया में महत्त्वपूर्ण भूमिका निभानी है। अनेक वर्षों से दूर शिक्षा पद्धति के वितरण को सुधारने के लिए प्रौद्योगिकी को प्रयोग करने का पर्याप्त प्रयास होता रहा है। विशेष शिक्षा उपग्रह (एडुसैट) के उपलब्ध होने से, हमारे सभी दूरदराज के क्षेत्रों में अंतःसपर्कात्मक आभासी कक्षाएँ (interactive virtual classrooms) सृजित करने के लिए सूचना और संचार प्रौद्योगिकी के गहन प्रयोग करने का यह सही समय है। अनेक राज्य और केंद्रीय विश्वविद्यालय हैं जो दूर शिक्षा उपलब्ध कराते हैं। मुझे विश्वास है कि उन्हें सभी विद्यार्थियों के लिए ज्यादा-से-ज्यादा लाभ देने हेतु अपने अनुभवों, शिक्षण सामग्री आदि का आदान-प्रदान करना चाहिए। अब मैं ज्ञान-आधारित समाज के घटकों पर चर्चा करना चाहूँगा।

ज्ञान-आधारित समाज के लिए आवश्यक घटक

आविष्कार की प्रक्रिया के माध्यम से सामाजिक कल्याण के लिए ज्ञान को सम्पत्ति में परिवर्तित किया जाता है। सेवा और विनिर्माण क्षेत्रों (manufacturing sectors) की प्रतिस्पर्धा के लिए आविष्कार एक महत्त्वपूर्ण कारक है। यह अनुसंधान और विकास से कम उत्पन्न होती है और अन्य संसाधनों से अधिक उत्पन्न होती है जिनमें संगठनात्मक परिवर्तन (organisational change) शामिल है। अतः देश में आविष्कार पद्धति स्थापित करने की तत्काल आवश्यकता है। इस प्रकार की पद्धति में समूहों का सृजन शामिल होगा जो नेटवर्क हैं। इस नेटवर्क में परस्पर-निर्भर प्रतिष्ठानों, ज्ञान उत्पन्न करनेवाली संस्थाओं/विश्वविद्यालयों/कालेजों, संस्थानों/अनुसंधान संस्थानों, प्रौद्योगिकी प्रदान करनेवाले प्रतिष्ठानों/अंतराल दूर करनेवाले संस्थानों (उदाहरण के लिए बुद्धिजीवी, तकनीकी तथा परामर्शदाता सेवाएँ प्रदान करनेवाले) और मूल्यवर्धन में संलग्न ग्राहक शामिल हैं जो उत्पादन श्रृंखला सृजित करते हैं।

समूहों की अवधारणा प्रतिष्ठान के नेटवर्क की अवधारणा से भी परे है क्योंकि यह ज्ञान की भागीदारी और आदान-प्रदान के सभी रूपों के निर्माण को आकर्षित करती है। इस प्रकार एक आविष्कार पद्धति को अपने समूहों के साथ वैश्विक ज्ञान के बढ़ते हुए भंडार में शामिल किया जा सकेगा। इसे स्थानीय आवश्यकताओं के अनुसार शामिल और अपनाया जा सकेगा तथा अंत में नए ज्ञान और प्रौद्योगिकी को सृजित किया जा सकेगा। इग्नू को देश और विदेश के विभिन्न भागों में फैले 13 लाख विद्यार्थियों के बीच नए ज्ञान का प्रचार करना चाहिए। यह सबसे बड़ा योगदान होगा जो इग्नू देश के उन युवाओं को मूल्यवर्धित शिक्षा प्रदान करने में कर रहा होगा जो भारत को वर्ष 2020 तक विकसित राष्ट्र में परिवर्तित करने के लिए अनिवार्य संसाधन है।

मैं समझता हूँ कि इग्नू ने दूर शिक्षा के विद्यार्थियों को मूल्यवर्धित सेवाएँ प्रदान करने के लिए सूचना और संचार प्रौद्योगिकी का प्रयोग करने हेतु अनेक कदम उठाए हैं। ज्ञानदर्शन, ज्ञानवाणी, टेलीकांफ्रेंसिंग, अंतःसपर्कात्मक रेडियो, परामर्श विद्यार्थी सहायता सेवाओं का नेटवर्क आरंभ करने में आपका प्रयास दूरी और शैक्षिक कार्यक्रमों की व्यापक पहुँच के प्रति एक प्रगतिशील कदम है। मैं समझता हूँ कि इग्नू 100 अंतःसंपर्कात्मक टर्मिनल निर्मित करने के लिए एडुसैट प्रोग्राम के साथ कार्य कर रहा है। चूँकि आप इस अभियान में हैं, इसलिए मैं एक सार्वभौम टेली-शिक्षा पद्धति जो राष्ट्रपति भवन में कार्यान्वित हो, उसके साथ अपना अनुभव बाँटना चाहूँगा।

टेली-शिक्षा के लिए बहुआयामी उपागम (A Multi Pronged Approach for Tele-education)

सार्वभौम टेली-शिक्षा पद्धति के माध्यम से दूर शिक्षा कार्यक्रम को व्यावहारिक और

सफल बनाने के लिए एक तीन आयामी उपागम (दृष्टिकोण) बहुत जरूरी है। चूँकि एडुसैट कनेक्टिविटी उपलब्ध करा रहा है, इसलिए अन्य दो अनिवार्य घटक जो कार्यक्रम की सफलता के लिए जरूरी हैं, वे टेली-शिक्षा पद्धति और गुणवत्ता सामग्री सृजन और उसका उपयोग है।

टेली-शिक्षा वितरण पद्धति

मैं टेली-शिक्षण वितरण पद्धति के विकास में अपना अनुभव बताना चाहूँगा। मेरा एक सपना था कि मैं एक अच्छा गणित अध्यापक बनकर उड़ीसा में चांदीपुर जैसे दूरदराज के गाँव के स्कूल में गणित पढ़ाऊँ और देश के विभिन्न भागों में स्थित असंख्य विद्यालयों में जिनमें महाराष्ट्र में कोंकण के गाँव शामिल हैं, उनके साथ अंतःसम्पर्क करू और संदेहों को दूर करने के योग्य बन सकूँ। इसके अतिरिक्त अध्यापकों को इंटरनेट, डिजीटल (कंप्यूटर) पुस्तकालय, तैयार की गई सृजनात्मक सामग्री पर विभिन्न स्रोतों से और इसी क्षेत्र में विभिन्न विशेषज्ञों द्वारा दिए गए व्याख्यानों से ज्ञान प्राप्त करना चाहिए जैसे कि वे उसी उद्दीपन (प्रेरणा) कक्षा में हों। राष्ट्रपति भवन में ऐसी ही पद्धति को कार्यान्वित किया गया है।

पद्धति की विशेषताएँ : यह सार्वभौम टेली-शिक्षा वितरण पद्धति आई.पी. नयाचार (प्रोटोकोल) के जरिए विषम नेटवर्क प्लेटफार्म के माध्यम से कार्य करती है। यह बहुकक्षा (multi class) और स्टुडियो पर्यावरण में सहयोगात्मक ढांचे में अध्यापकों और विद्यार्थियों के बीच निरंतर दोतरफा अंतःसम्पर्क के साथ आभासी कक्षाएँ (virtual classrooms) प्रदान करती है। यह बहुप्रसारण वितरण पद्धति में प्रसारण नेटवर्क के माध्यम से निरंतर एक-दूसरे से और सभी से सम्पर्क प्रदान करती है। यह दूर शिक्षा के अध्यापक को एक सत्र में सभी विद्यार्थियों के लिए अध्यापक बनने योग्य भी बनाती है। अन्य वीडियोकांफ्रेंसिंग पद्धतियाँ और बहुमाध्यम उपकरण जिन्हें टेली-शिक्षा उद्देश्यों के लिए इस समय प्रयोग किया जा रहा है उनके विपरीत, यह अंतःसंपर्कात्मक सार्वभौम टेली-शिक्षा वितरण पद्धति एक आभासी कक्षा सृजित करती है। इससे अध्यापक विद्यार्थी को विषय का सीधा आभासी भ्रमण कराता है। इसके साथ ही यह अंतःसंपर्कात्मक विषय सामग्री वितरण के लिए किफायती समाधान प्रदान करती है। तुलनात्मक आधार में हम चार मल्टीस्टेशन वीडियोकांफ्रेंसिंग प्रणालियाँ स्थापित करने की कीमत पर अंतःसंपर्कात्मक 250 नोडों की टेली-शिक्षा पद्धति सृजित कर सकते हैं।

अनुभव : हाल ही में, मैंने दूर शिक्षा कार्यक्रम के एक अंग के रूप में पंजाब के विभिन्न भागों में पाँच कालेजों को संबोधित किया। मैंने उस विषय का उल्लेख किया जो मैं पढ़ा रहा था, यह प्रासंगिक डिजीटल पुस्तकालय संदर्भ था जो एक

पुस्तक के संदर्भ से लिया गया था और अपनी वेबसाइट के माध्यम से ई-गवर्नेंस पर अंतरराष्ट्रीय सम्मेलन के दौरान मेरे द्वारा प्रस्तुत की गई वार्ता थी। मैं विभिन्न स्थलों से कक्षा के विद्यार्थियों को देख सकता था। वे मुझे देख सकते हैं और मेरे साथ सम्पर्क कर सकते हैं। इस प्रकार की अंतःसंपर्कात्मक टेली-शिक्षा वितरण पद्धति पूरी तरह कार्य कर रही है। यह एकीकृत समाधान (integrated solution) इग्नू को किफायती आभासी और गतिशील कक्षा का अनुभव कराने में सक्षम बनाएगा। इग्नू इस पद्धति का अध्ययन कर सकता है और दूर शिक्षा में विश्व श्रेणी का संस्थान बनने के लिए विश्वविद्यालय के लक्ष्यों को प्राप्त करने हेतु इसका पूरा लाभ उठा सकता है। इग्नू की दृष्टि में यह विशेषरूप से महत्त्वपूर्ण है क्योंकि यह अनेक बाहरी देशों में शिक्षा उपलब्ध करा रहा है और इसे बहुराष्ट्रीय विश्वविद्यालयों के साथ मुकाबला करना पड़ता है। मैं समझता हूँ कि विदेशों के विश्वविद्यालयों ने पहले ही इस प्रकार की पद्धतियाँ अपना रखी हैं और उच्च कोटि की शिक्षा के माध्यम से विद्यार्थियों को ज्ञान प्रदान किया जाता है। यह शिक्षा सूचना और संचार प्रौद्योगिकी के नवीन प्रयोग के माध्यम से प्रदान की जाती है।

अंतःसंपर्कात्मक व्याख्यान : मुझे इग्नू द्वारा संचालित पाठ्यक्रमों की तीन कक्षाएँ लेकर प्रसन्नता होगी जो दूर शिक्षा कार्यक्रम के एक अंग के रूप में प्रासंगिक हैं। ये व्याख्यान इग्नू से जुड़े सभी केंद्रों के लिए उपलब्ध होंगे और इसके लिए उन्हें मुझसे सीधे सम्पर्क करना चाहिए तथा साथ ही उन्हें मुझसे प्रश्न करने की सुविधा मिल सके और जिनका उत्तर मैं दे सकूँ। इस कार्यक्रम के लिए राष्ट्रपति भवन सौ अंतःसंपर्कात्मक टर्मिनलों में टेली-शिक्षा पद्धति स्थापित करने में आपकी सहायता करेगा। मुझे विश्वास है कि यह अगले तीन से चार महीने के समय के अंदर सम्भव हो जाना चाहिए। अब मैं दूर शिक्षा में अगले महत्त्वपूर्ण पहलू विषयवस्तु निर्माण पर चर्चा करना चाहूँगा जिसमें आपको एकमात्र पूर्ण क्षमता प्राप्त है और आपके पास बहुमाध्यम विषयवस्तु अथवा सामग्री (multi-media content) का पुस्तकालय भी है।

गुणवत्ता विषयवस्तु का निर्माण (Quality Content Generation)

शिक्षा के तीन घटक हैं। व्याख्यान, प्रयोग अथवा प्रयोगशाला और पुस्तकालय। विषयवस्तु में उपर्युक्त तीनों सम्मिलित हैं। विषयवस्तु कई प्रकार से सृजित की जा सकती है। अनेक पुस्तकों और लेखों के शोध अध्ययन के माध्यम से किसी विशेषज्ञ द्वारा विषय को आत्मसात करना है जिससे प्रस्तुत करने योग्य फार्मेट (प्रारूप) में गुणवत्ता और सृजनात्मक विषयवस्तु सृजित की जा सके। अध्यापक विषयवस्तु को आकर्षक बनाने के लिए इसे अद्भुद और नए ढंग से प्रस्तुत करता है ताकि यह विद्यार्थियों को आसानी से समझ आ सके। विषयवस्तु का दूसरा रूप विषयवस्तु को

प्रश्नोत्तर मॉडलों की शृंखला में विभाजित करके स्व-अध्ययन विधि (self-learning method) पर आधारित हो सकता है। तीसरी विषयवस्तु विभिन्न पुस्तकों से हो सकती है जो डिजीटल पुस्तकालय के माध्यम से प्राप्त की जा सकती है और सभी दूरदराज के विद्यार्थियों को समय पर उपलब्ध कराई जा सकती है। चौथी विषयवस्तु इंटरनेट से हो सकती है जहाँ विद्यार्थी पर्याप्त सूचना ढूँढ़ सकता है और टेली-शिक्षा पद्धति के माध्यम से विषयवस्तु को सीधा आगे बढ़ा सकता है।

विषयवस्तु के समर्थन में अनेक एनिमेशन (चित्र) होने चाहिए जो दूरदराज के विद्यार्थियों के लिए आभासी प्रयोगशालाएँ और आभासी अध्ययन के प्रभावों को भी प्रस्तुत कर सकें। जब विषयवस्तु को सृजित किया जाता है तब इसे देश भर में और सभी मंचों से साझा अध्ययन का विषय होना चाहिए। मैं समझता हूँ कि इग्नू ने पहले ही पिछले पंद्रह वर्षों के दौरान पर्याप्त मात्रा में पाठ्यसामग्री विकसित कर ली है। जैसाकि मैंने पहले बताया है कि विषयवस्तु को एक सामूहिक गतिविधि के रूप में विशेषज्ञ अध्यापकों के मार्गदर्शन में विद्यार्थियों के सृजनात्मक और नवीन विचारों का प्रयोग करके और अन्य विश्वविद्यालयों के दूर शिक्षा कार्यक्रमों के साथ अनुभवों का आदान-प्रदान करके और भी सुधारा जा सकता है।

उदाहरण के रूप में, विभिन्न समारोहों में दिए गए मेरे व्याख्यानों को अपनी वेबसाइट में बहुत तेजी से अद्यतन किया जाता है। भाषण के दौरान कई प्रतिभागी अनेक विषयों पर प्रश्न पूछते हैं। इन प्रश्नों के उत्तरों को अनुपूरक सूचना के रूप में वेबसाइट में भी रखा जाता है। इसी प्रकार अध्यापकों द्वारा वार्ता प्रस्तुत करने के बाद, विद्यार्थी भी अनेक प्रश्न पूछेंगे। सत्र को ज्ञानवर्धक बनाने के लिए प्रश्नोत्तर सत्र की कार्यवाही को विषयवस्तु के दस्तावेज में जोड़ा जा सकता है। अब मैं चर्चा करना चाहूँगा कि इन्दिरा गांधी राष्ट्रीय मुक्त विश्वविद्यालय देश के विभिन्न भागों और विदेशों में मूल्यवर्धित उच्च कोटि की शिक्षा का संवर्धन करने के लिए किस प्रकार एक आभासी विश्वविद्यालय हो सकता है।

आभासी विश्वविद्यालय (Virtual University)

यही उचित समय है कि जब हमें विभिन्न संस्थाओं की क्षमता के आधार पर उनके संसाधनों के नेटवर्किंग के माध्यम से भारत में इग्नू को एक आभासी विश्वविद्यालय में बदलने की संभावना का पता लगाना शुरू कर देना चाहिए। आभासी विश्वविद्यालय के निम्नलिखित कार्य हो सकते हैं:

क) नेटवर्क वाली विभिन्न संस्थाओं के सभी संसाधन केंद्रों के एक केंद्रीय हब के रूप में कार्य करना।

ख) विशेषीकृत क्षेत्रों में राष्ट्रीय/अंतरराष्ट्रीय प्रसिद्धि के विशेषज्ञों की पहचान

करना और प्रतिष्ठित संस्थाओं को मनोनीत करना।

ग) सभी प्रतिभागियों के लिए परस्पर सुविधाजनक समय पर विशेषज्ञों के व्याख्यानों का समन्वय करना, आयोजन करना, अनुसूची बनाना तथा प्रसारण करना।

घ) दुबारा अध्ययन के लिए प्रतिभागियों द्वारा आसान पहुँच के लिए डाटा बैंक में सम्पर्क ब्यौरे के साथ व्याख्यान का सीधा प्रसारण रिकार्ड करना।

च) विश्वविद्यालय के सभी पुस्तकालयों को कंप्यूटरीकृत करना और सभी विश्वविद्यालयों द्वारा निरंतर पहुँच के लिए इसे उपलब्ध कराना।

छ) पूरे दूर शिक्षा कार्यक्रम को विद्यार्थी केंद्रिक बनाने की आवश्यकता पर बल देना।

देश भर में यह प्रयोग कालेजों और विश्वविद्यालयों में शिक्षण के लिए एक सामान्य मंच प्रदान करेगा और इनमें व्यावसायिक पाठ्यक्रम भी पढ़ाए जा सकेंगें। यह सिद्धांत और प्रयोगों को समान महत्त्व प्रदान करेगा और यह सच है कि यह सब साइबर स्पेस में किया जाएगा। प्रौद्योगिकी की यही शक्ति है और इसके बारे में हमें जानकारी है। इस सुविधा से दूर संचार और सूचना प्रौद्योगिकी सेवाओं का विस्तार करने में सहायता मिलेगी। अनेक संस्थाओं के अंतःसम्पर्क से दूर शिक्षा कार्यक्रम का महत्त्व बढ़ जाएगा। अब मैं अपने युवाओं के बीच क्षमता निर्माण में संकाय सदस्यों की भूमिका की चर्चा करना चाहूँगा।

क्षमता निर्माण में संकाय सदस्यों की भूमिका

हममें से अनेक संकाय सदस्यों ने युवा परिवर्तनकताओं को सफलतापूर्वक तैयार किया है जो नवीनता ला सकते हैं और समाज के लिए प्रासंगिक नवीन संगठनों को सृजित कर सकते है।

आपके विद्यार्थियों की सफलता आपकी महान सेवा की परीक्षा है। मुझे विश्वास है कि आप में से हर एक इस विश्वविद्यालय द्वारा पढ़ाए जा रहे विज्ञान, इंजीनियरी, प्रबंध, कृषि, विधि, सूचना प्रौद्योगिकी और अन्य विषयों में अनेक परिवर्तनकर्ता उत्पन्न करेगा।

राष्ट्र निर्माण के कार्यों में भाग लेने के लिए संकाय सदस्यों द्वारा विद्यार्थियों में जिन क्षमताओं को सृजित किए जाने की जरूरत है, वे हैं-अनुसंधान और जांच के लिए क्षमता, सृजनात्मकता और नवीनता, विशेषकर ज्ञान का सृजनात्मक अंतरण, उच्च प्रौद्योगिकी के प्रयोग करने की क्षमता, उद्यमशीलतापरक नेतृत्व (entrepreneurial leadership) के लिए क्षमता और नैतिक नेतृत्व क्षमता।

संकाय सदस्यों का उद्देश्य चरित्र निर्माण करना, मानव मूल्य सृजित करना, प्रौद्योगिकी के माध्यम से विद्यार्थियों की अध्ययन क्षमता बढ़ाना और परिवर्तनशील

तथा सृजनशील बनने के लिए उनमें विश्वास उत्पन्न करना होना चाहिए। इससे वे वैश्विक पर्यावरण में अपने संगठनों को प्रतिस्पर्धात्मक बनाने में योगदान करने में सक्षम हो सकेंगे।

डिजीटल पुस्तकालय की पहल

आप जानते ही हैं कि भारत का एक उद्देश्य है कि वह डिजीटल पुस्तकालय कार्यक्रम के माध्यम से लाखों-करोड़ों पुस्तकों को डिजीटल रूप देना चाहता है। इस कार्य को कारनेगी मेलन यूनीवर्सिटी (CMU), पिट्सबर्ग के प्रो. राज रेड्डी और भारतीय विज्ञान संस्थान के प्रो. एन. बालाकृष्णन के प्रस्ताव पर आधारित पहल पर आरंभ किया गया है। अनिवासी भारतीय प्रो. राज रेड्डी ने अपनी मातृभूमि भारत में देश की शैक्षिक पद्धति को सुधारने के लिए इस कार्यक्रम को सृजित करने की विशेष पहल की है। अनेक वर्षों से उनकी यह प्रबल कामना रही है। यह कार्यक्रम ठीक ढंग से प्रगति कर रहा है और हमने 90,000 पुस्तकों को पहले ही डिजीटल रूप दे दिया है जिसमें से 50,000 पुस्तकें पहले ही वेब http://www.dliernet.in पर उपलब्ध हैं। अनेकों पुस्तकें भारतीय भाषाओं में हैं। भारत की डिजीटल पुस्तकालय की यह पहल अनेक भारतीय भाषा प्रौद्योगिकी अनुसंधान के लिए जिसमें भारतीय भाषाओं में मशीनी अनुवाद पद्धतियाँ, ओ.सी.आर. संक्षेप्रक (summarizers) आदि शामिल है उनके लिए एक परीक्षा बन गई। 21 से अधिक केंद्र, शैक्षिक संस्थाएँ, सामाजिक संस्थाएँ और सरकारी एजेंसियाँ हैं जिनमें राष्ट्रपति भवन भी शामिल है जिसने ज्ञान के इस विशाल भंडार को सृजित करने में भागीदारी की है। इस कार्यक्रम को संचार और सूचना प्रौद्योगिकी मंत्रालय का पूर्ण समर्थन प्राप्त है। इग्नू डिजीटल पुस्तकालय पहल की सुविधाओं का उपयोग कर सकता है और विभिन्न विषयों के लिए उसके पास उपलब्ध सभी पाठ्यक्रम सामग्री को डिजीटल रूप दे सकता है। इससे विश्वविद्यालय व्यापक संख्या में ई-लर्निंग पाठ्यक्रमों को प्रदान करने और वेब आधारित शिक्षा को सृजित करने में सक्षम हो सकेगा।

स्पीच एपलैट वर्च्युअल विज़न (Speech Applet Virtual Vision)

इग्नू शिक्षित विकलांग विद्यार्थियों (differently abled students) के लिए शिक्षा कार्यक्रम पर काम कर रहा है। इसलिए मैं चर्चाओं के आधार पर दृष्टिबाधित विद्यार्थियों को दी जानेवाली विशेष अध्ययन सुविधा की व्यवस्था से सम्बन्धित अनुभव का उल्लेख करना चाहूँगा। ये चर्चाएँ दीपेंद्र मनोचा से हुईं जिन्होंने वेबसाइट में मेरे भाषण पढ़ने में अपनी असमर्थता के बारे में मुझे लिखा था। बाद में मैं श्री आसिफ इकबाल से मिला जिन्होंने बताया कि वह कंप्यूटर को अपनी पढ़ाई,

परीक्षाओं, प्रस्तुतीकरणों (presentations) और सूचनाओं के लिए प्रयोग कर रहे हैं। इसके लिए वह किसी तीसरी पार्टी के सोफ्टवेयर का प्रयोग कर रहे थे जोकि कीमती था और एक साधारण व्यक्ति की पहुँच से परे था। इससे मुझे सोफ्टवेयर विकसित कराने के लिए सोचने की प्रेरणा मिली जो सभी प्रशिक्षकों के लिए उपयोगी और कम लागत का उपकरण और वेब के माध्यम से दृष्टिबाधित व्यक्तियों के लिए स्व-सहायता अध्ययन प्रणाली बन सकता हो।

इस विचार को आधार मानकर राष्ट्रपति भवन में, स्पीच एपलैट 'वर्च्युअल विज़न' (Speech Applet "Virtual Vision") तैयार किया गया है। मुख्य उद्देश्य था कि यह बहुमुखी और उपयोगी उपकरण हो, इसमें सम्पर्क के लिए आवाज हो, किसी भी वेब सर्वर के साथ जोड़ा जा सके, माउस ओवर और माउस क्लिक पर किसी भी वेब विषयवस्तु का आडियो आउटपुट प्रदान कर सके। वेब के माध्यम से इसकी पहुँच उपलब्ध होनी चाहिए और साथ ही पाठ्यक्रम का प्रयोग करना आसान हो जो इंटरानेट और इंटरनेट पर्यावरण में दृष्टिबाधित व्यक्तियों के लिए तैयार किया गया हो। टीम ने सात सप्ताह की अवधि में स्पीच एपलैट 'वर्च्युअल विज़न' विकसित और निर्मित किया है जिसमें ये विशेषताएँ मौजूद हैं। आवाज को सक्रिय और असक्रिय करने के लिए की-बोर्ड का प्रयोग करके इसे चलाया जा सकता है और इससे वे अंतःसम्पर्क कर सकते हैं। स्पीच एपलैट ई-लर्निंग प्रणाली के अनुरूप हो सकता है जिसमें दृष्टिबाधित व्यक्तियों के लिए पाठ्यक्रम और प्रशिक्षण सामग्री को प्रयोग किया जा सकता है और वे इस उपकरण के माध्यम से सरलता से अध्ययन कर सकते हैं। इग्नू इस एपलैट का अध्ययन कर सकता है और इसे दृष्टिबाधित विद्यार्थियों के लिए अध्ययन कार्यक्रम के एक अंग के रूप में सम्मिलित कर सकता है। अब मैं विश्व प्रतिस्पर्धा का सामना करने के लिए अपने युवाओं को तैयार करने हेतु शिक्षा पद्धति में नवीनता की आवश्यकता के बारे में चर्चा करना चाहूँगा।

पिछले पंद्रह वर्षों में इग्नू से विशाल संख्या में विद्यार्थी उत्तीर्ण हुए हैं। मैं विश्वविद्यालय के विकास के लिए इस महत्त्वपूर्ण संसाधन का उपयोग करने की अनुशंसा करूँगा जिसे विशेष पोर्टल की स्थापना करके किया जा सकता है।

इग्नू वेब पोर्टल

चार लाख सत्तर हजार पिछले विद्यार्थी जो इस अवधि के दौरान इग्नू से उत्तीर्ण हुए हैं, वे इस समय विभिन्न संगठनों में कार्य कर रहे हैं।

इग्नू का एक सतत शिक्षा पोर्टल होना चाहिए जो अपने पूर्व विद्यार्थियों, उद्योग शिक्षाविदों की सेवाओं का लाभ उठाए और वास्तविक समय के अनुभवों के साथ संकाय और विद्यार्थियों को जाग्रत करे। पोर्टल पूर्व विद्यार्थियों और वर्तमान

विद्यार्थियों के बीच एक सम्पर्क-सूत्र का कार्य करेगा। वे अपने अनुभवों को बाँट सकते हैं, वे आपस में चर्चा कर सकते हैं और वे शिक्षण में सुधार, पाठ्यक्रम की विषयवस्तु और विश्व में हुई घटनाओं पर आधारित सिलेबस में गतिशील उन्नयन करने, रोजगार के अवसर सृजित करने और अध्ययन पद्धतियों को सुधारने के लिए प्रौद्योगिकी अनुप्रयोग को अपनाने का सुझाव दे सकते हैं। इग्नू को इस पोर्टल में योगदान करने के लिए पूर्व विद्यार्थियों को आकृष्ट करना चाहिए और आपसी लाभ के लिए पूर्व विद्यार्थियों तथा वर्तमान विद्यार्थियों को एक साथ लाने के लिए वार्षिक समारोह आयोजित करना चाहिए।

निष्कर्ष

अंततः शिक्षा अपने सही अर्थों में सत्य की खोज है और हमें समाज के प्रति योगदान करने की शक्ति प्रदान करती है। यह समझबूझ और ज्ञान के माध्यम से अनंत यात्रा है और सभी के बेहतर जीवन के लिए नए कौशलों को सीखने का अवसर प्रदान करती है। ऐसी यात्रा मानवतावाद के विकास के नए मार्ग खोलती है जहाँ संकीर्णता, असामंजस्य, ईर्ष्या, घृणा अथवा शत्रुता के लिए न कोई गुंजाइश है और न ही कोई स्थान है। यह मानव को संपूर्णता, एक महान आत्मा और ब्रह्मांड के लिए संपत्ति में रूपांतरित करती है। विश्व बंधुता अपने सही अर्थ में इस प्रकार की शिक्षा के लिए अटूट सहारा बन जाती है। वास्तविक शिक्षा मानव की गरिमा बढ़ाती है और उसके आत्म-सम्मान में वृद्धि करती है। यदि व्यक्ति को केवल शिक्षा का सही बोध हो जाए और मानव कार्य के प्रत्येक क्षेत्र में इसे अपनाया जाए तो विश्व रहने के लिए अधिक बेहतर स्थान बन सकता है।

इग्नू का लक्ष्य होना चाहिए कि वह राष्ट्र के युवाओं में मूल्य आधारित उच्च कोटि की शिक्षा का संवर्धन करे जोकि जागरूक नागरिक बनाने के लिए एक आधार होता है। ये जागरूक युवा ही समृद्ध, सुखद और शक्तिशाली राष्ट्र का निर्माण करेंगे।

ईश्वर आपको प्रसन्न रखे!

मीडिया ने पूरे देश में निम्नलिखित इंट्रो का प्रयोग किया।

प्रकाशन : टाइम्स ऑफ इंडिया
संस्करण : नई दिल्ली
दिनांक : 6 मार्च, 2005

दोहरी भूमिका : 'प्रोफेसर राष्ट्रपति इग्नू के विद्यार्थियों को पढ़ाएँगे'

सुरोजीत महलानोबिस, टाइम्स न्यूज नेटवर्क

नई दिल्ली : राष्ट्रपति ए.पी.जे. अबुल कलाम ने शनिवार को कहा कि वे

इन्दिरा गांधी राष्ट्रीय मुक्त विश्वविद्यालय (इग्नू) के द्वारा चलाए जा रहे पाठ्यक्रमों में इग्नू के दूर शिक्षा के विद्यार्थियों के लिए तीन कक्षाओं को पढ़ाएँगे। राष्ट्रपति भवन शीघ्र ही ''एक सार्वभौम टेली-शिक्षा वितरण प्रणाली'' स्थापित करेगा जिसके 100 अंतःसंपर्कात्मक टर्मिनल होंगे जिन पर इग्नू भारतीय अंतरिक्ष अनुसंधान संगठन (आई.एस.आर.ओ.) के साथ कार्य कर रहा है। इस प्रणाली के माध्यम से व्याख्यान देकर, राष्ट्रपति ने अपने सरकारी आवास से आभासी अंतःसंपर्कात्मक कक्षाएँ सृजित करने का वचन दिया।

एक उत्कृष्ट उदाहरण में जहाँ नेता अग्रिम पंक्ति से नेतृत्व करता है; प्रतीत होता है कि राष्ट्रपति ने यह प्रदर्शित करना चाहा है कि किस प्रकार कक्षाएँ आकर्षक हो सकती हैं जिनमें अध्यापक और विद्यार्थी सक्रियरूप से परस्पर सम्पर्क कर सकते हैं। उन्होंने कहा कि ''मैं कक्षाओं में दूर शिक्षा के विद्यार्थियों से अंतःसम्पर्क करूँगा और उनके प्रश्नों के उत्तर दूँगा। कक्षा में जबतक विद्यार्थी अपने अध्यापक से अंतःसम्पर्क नहीं करता तबतक न तो अध्यापक और न ही विद्यार्थी कुछ सीख पाते हैं''

इग्नू में 16वां दीक्षांत समारोह जो टेलीकांफ्रेंसिंग के माध्यम से दूर क्षेत्रीय केंद्रों में एकसाथ आयोजित हुआ, उसे संबोधित करते हुए, कलाम ने कहा; "इग्नू को मूल्यवर्धित दूर शिक्षा पद्धति के माध्यम से एक ज्ञान-आधारित समाज को रूपांतरित करने में प्रमुख भूमिका निभानी है।'' राष्ट्रपति कलाम ने कहा कि इग्नू को ज्ञान-आधारित समाज का निर्माण करने के लिए सूचना और संचार प्रौद्योगिकी का सर्वोत्तम प्रयोग करना चाहिए।

टेली-शिक्षा सत्र उपलब्ध सूचना और संचार प्रौद्योगिकी (ज्ञानदर्शन टी.वी., ज्ञानवाणी रेडियो और एडुसैट आदि) का सर्वोत्तम प्रयोग, अनुभवों और अच्छी शिक्षण सामग्री का आदान-प्रदान करके आभासी अंतःसंपर्कात्मक कक्षाएँ बन सकते हैं। उन्होंने कहा कि यह तभी सम्भव होगा जब उच्च कोटि की विषयवस्तु सृजित की जाए।

बारंबारता (Frequency)

जनसम्पर्क गतिविधि एक सतत प्रक्रिया है और इसका कोई 'चालू' और 'बंद' बटन नहीं होता। यदि संस्था की प्रतिष्ठा बनाए रखनी है तो प्रेस विज्ञप्ति की बारंबारता अधिक होनी चाहिए।

उदाहरण के लिए, इग्नू, जब भी आवश्यकता होती है, कार्य दिवसों के अतिरिक्त प्रत्येक अवकाश दिवस, शनिवार और रविवार को प्रेस विज्ञप्ति जारी करता है। औसतन प्रत्येक वर्ष यह 150 से भी अधिक प्रेस विज्ञप्तियाँ जारी करता है जिसका तात्पर्य है कि प्रत्येक दूसरे दिन एक प्रेस वक्तव्य जारी हो रहा है।

यह बिल्कुल सम्भव है कि संगठन के बारे में एक अथवा दो नुकसान पहुँचाने

वाले समाचार प्रेस में प्रकाशित हो जाएँ, हालांकि इसका अनुपात 10:1 होता है जो कुल मिलाकर बहुत कम है।

किसी संगठन के पास रोज़ाना एक प्रेस विज्ञप्ति तैयार करने की पर्याप्त क्षमता होती है। उदाहरण के लिए, कोई सेमीनार, संगोष्ठी अथवा सम्मेलन या किसी कर्मी/श्रमिक द्वारा रिकार्ड उपलब्धि, उच्च उत्पादकता अथवा किसी प्रदर्शनी, खेलकूद अथवा समारोह में भाग लेना एक समाचार होता है।

याद रखिए कि प्रेस कर्मियों के साथ अच्छा सम्बन्ध जरूरी है परंतु यह हमेशा लाभ नहीं पहुँचाता क्योंकि रिपोर्टर का कार्यक्षेत्र बदलता रहा है और केवल मित्रता के आधार पर प्रेस कवरेज सम्भव नहीं होती है। प्रेस विज्ञप्ति के तत्व अत्यंत महत्त्वपूर्ण होते हैं। यदि प्रेस विज्ञप्ति को एक नियमित प्रक्रिया समझा जाए तो यह संगठन को अंत में उच्च प्रतिष्ठा प्रदान करती है क्योंकि रिपोर्टर संगठन के प्रेस वक्तव्यों के कारण हमेशा इसके सम्पर्क में रहते हैं।

ये प्रेस विज्ञप्तियाँ या तो विशेषकर दस्ती (by hand) अर्थात किसी कर्मचारी द्वारा भेजी जा सकती हैं या फैक्स द्वारा भेजी जा सकती हैं। इसे मीडिया के पास नियमित आधार पर ई-मेल द्वारा भी भेजा जाना चाहिए। एस.एम.एस. भी एक त्वरित माध्यम है।

प्रत्येक विज्ञापन एक समाचार है

यह सच है कि प्रत्येक समाचार को विज्ञापन में बदला जा सकता है क्योंकि विज्ञापन में धन खर्च होता है, अतः यह संचार का भुगतान-आधारित रूप है। परंतु जनसम्पर्क अधिकारी की वास्तविक परीक्षा तो तब होती है जब वह विज्ञापन को प्रेस विज्ञप्ति में परिवर्तित करता है। अतः सृजनशीलता ऐसी होनी चाहिए कि यदि मीडिया समाचार को प्रकाशित नहीं करता है तो मीडिया के पाठक कम हो जाएँ।

देखा जाए तो तीन वर्ष पुराना समाचार भी प्रकाशित हो सकता है क्योंकि यह तथ्य तो केवल संगठन के लोगों को पता होता है, न कि बाहरी व्यक्तियों को जिसमें प्रेस भी शामिल है।

केस-7

इग्नू में वित्तीय बजट सम्बन्धी बाधाएँ थीं और यह मीडिया के लिए अपनी नियुक्तियों सम्बन्धी विज्ञापनों पर पर्याप्त धन खर्च नहीं कर सकता था। विश्वविद्यालय द्वारा निर्णय लिया गया कि रोजगार समाचार में पूरा विज्ञापन प्रकाशित हो परंतु मुख्य विज्ञापन का संदर्भ देते हुए विंडो विज्ञापन को प्रमुख समाचारपत्रों में प्रकाशित किया जाए।

इस प्रस्ताव के लिए भी पर्याप्त धन की आवश्यकता थी। अतः इग्नू के

इतिहास में पहली बार एक प्रेस विज्ञप्ति भी जारी की गई जिसे समाचारपत्रों में व्यापक रूप से प्रकाशित किया गया।

प्रेस विज्ञप्ति

इन्दिरा गांधी राष्ट्रीय मुक्त विश्वविद्यालय (इग्नू) के वर्तमान विस्तार कार्यक्रमों के कारण, इग्नू में अनेक शैक्षिक रिक्तियाँ सृजित की गई हैं।

ये विभिन्न क्षेत्र हैं--कृषि, कंप्यूटर विज्ञान, वैद्युत इंजीनियरी, विधि, समाजशास्त्र, अर्थशास्त्र, प्रबंधन, भौतिकी, लोक प्रशासन, सामाजिक कार्य, अनुसंधान और प्रशिक्षण, वाणिज्य, दूर शिक्षा, गणित, संचार, ग्राम विकास, नर्सिंग आदि।

विश्वविद्यालय को विस्तार शिक्षा, दूर शिक्षा परिषद, अंतरराष्ट्रीय प्रभाग, अंतर-विश्वविद्यालय संघ, डिफ्रेंटली एबल्ड राष्ट्रीय केंद्र, दूर शिक्षा में नवाचार राष्ट्रीय केंद्र, इलेक्ट्रानिक मीडिया प्रोडक्शन सेंटर (संचार केंद्र) में निदेशकों की आवश्यकता है।

इसके अतिरिक्त विश्वविद्यालय को प्रोफेसरों, पुस्तकालय अध्यक्ष एवं सूचना अधिकारी, संयुक्त निदेशक, रीडरों, क्षेत्रीय निदेशकों, उप-पुस्तकालय अध्यक्ष, उपनिदेशकों, व्याख्याताओं, सहायक पुस्तकालय अध्यक्ष, प्रलेखन अधिकारी, अनुसंधान अधिकारी, सहायक निदेशक और सहायक क्षेत्रीय निदेशकों की भी जरूरत है।

इन पदों की संख्या 100 से अधिक है और इन पदों की अर्हताएँ और वेतनमान विश्वविद्यालय अनुदान आयोग के मानकों के अनुसार हैं। अनुसूचित जातियों/जनजातियों, शारीरिक रूप से विकलांग व्यक्तियों के लिए पदों का आरक्षण भारत सरकार नियमों के अनुसार किया गया है।

विस्तृत जानकारी www.ignou.ac.in पर उपलब्ध है।

निषेध अथवा कृपया ध्यान दें (EMBARGO)

यह कहा जाता है कि प्रत्येक प्रेस विज्ञप्ति के साथ जनसम्पर्क अधिकारी को परीक्षा में पास अथवा फेल होना पड़ता है। आज जारी प्रेस वक्तव्य को अगले दिन अच्छी कवरेज या खराब कवरेज मिल सकती है और जनसम्पर्क कार्मिकों को अगले दिन पता चल सकता है कि उन्होंने विज्ञप्ति सही बनाई थी अथवा नहीं।

वे दिन लद गए जब किसी संगठन के समारोह के समाचार/सूचनाएँ प्रत्येक अखबार प्रकाशित करता था। आज यदि एक समाचारपत्र भी इसे प्रकाशित करता है तो इसे एक अच्छी कवरेज माना जाता है। जैसा कि पहले बताया गया है कि भारतीय समाचार जगत में अपराध और राजनीति को ही उचित स्थान मिलता है।

उन मामलों में जहाँ समारोह शाम को (सायं 5 बजे) आरंभ होता है, भाषण

(यदि उपलब्ध हो) पर आधारित प्रेस विज्ञप्ति निम्नलिखित टिप्पणी के साथ प्रातः जारी की जाए :

कृपया ध्यान दें : सायं 5.00 बजे के पश्चात प्रकाशित करें।

यदि समारोह निर्धारित समय पर होता है तो और कोई प्रेस विज्ञप्ति जारी करने की आवश्यकता नहीं है। फिर भी यदि समारोह बिल्कुल नहीं होता है अथवा उसमें कोई परिवर्तन है (जो कि नहीं होता) तो अन्य प्रेस नोट शाम को जारी किया जा सकता है।

प्रेस विज्ञप्ति सभी समाचारपत्रों, समाचार एजेंसियों, इलैक्ट्रानिक मीडिया जैसे रेडियो, टी.वी. और सैटेलाइट समाचार चैनलों को जारी की जानी चाहिए। इसे संगठन से जुड़ी विशिष्ट पत्र-पत्रिकाओं में भी जारी किया जाना चाहिए।

प्रेस विज्ञप्ति को समाचारपत्र के पृष्ठों पर प्रकाशित करना हमेशा सम्भव नहीं होता। अतः प्रासंगिक पृष्ठों को देखिए जैसे-सरकारी पृष्ठ, शिक्षा, विभिन्न सप्लीमेंट जैसे हिंदुस्तान टाइम्स के ईस्ट, नार्थ, वैस्ट और साउथ सप्लीमेंट अथवा टाइम्स आफ इंडिया या इंडियन एक्सप्रेस का न्यूज़ट्रैक अथवा टाइम्स आफ इंडिया का मेगाकॉर्प।

बड़ा दृष्टिकोण

मार्गी फिशर (Margie Fisher) के अनुसार मीडिया को प्रायः जनसम्पर्क व्यावसायिकों से ही समाचार के विचार प्राप्त होते हैं। एक दृष्टिकोण को रखना ही उन्हें विचार देने में पहला कदम है।

जबतक आपका ग्राहक कोई प्रसिद्ध व्यक्ति अथवा घोटालेबाज अधिकारी नहीं है, या किसी रोग के लिए कोई क्रांतिकारी इलाज नहीं खोजा गया है, तो इसे छपने के लिए मीडिया को आकर्षित करने हेतु मजबूत दृष्टिकोण प्रायः मिल नहीं पाता।

आपका लक्ष्य तो मीडिया के एक पाठक, श्रोता अथवा दर्शक की तरह सोचने का होना चाहिए। आपको क्या अच्छा लगेगा जब आप अखबार अथवा पत्रिका पढ़ रहे हों, रेडियो सुन रहे हों या टी.वी. देख रहे हों?

अनोखी पहल

एन विली (Ann Wylie) के अनुसार, 'अधिकांश प्रेस विज्ञप्तियाँ' रिक्त स्थानों की पूर्ति माडल जैसी होती हैं।"

उदाहरण के रूप में, विश्व की एकीकृत उच्च सोफ्टवेयर एडिड माइक्रोचिप्स सप्लाई करनेवाली प्रमुख कंपनी, XYZ ने अपने नवीनतम उत्पाद XYZ 4.2 वर्जन 3 की उपलब्धता की घोषणा की।

कंपनी के मुख्य कार्यकारी अधिकारी और संस्थापक जोए ब्लो ने कहा कि

''इससे सोफ्टवेयर एडिड माइक्रो-प्रौद्योगिकी चिप उद्योग में क्रांति आएगी।''

ध्यान दें—परंपरागत दृष्टिकोण के बजाए, एक बेहतर दृष्टिकोण की जरूरत है।

टी.डी.एस. टेलीकॉम के संचारक पैट जॉन्स कहते हैं कि मुद्रित प्रेस विज्ञप्ति को फेंकने से पहले हाथ में उठाकर देखना जरूरी है जबकि ऑनलाइन में केवल डिलीट बटन दबाने से ही समाचार की मृत्यु हो जाती है। जरूरत होती है एक धमाकेदार विषय की जो समाचार को ई-मेल में खुल जाये।

एंटरपल्स से इस तरह की एक उत्तेजनापूर्ण विषय पंक्ति आपका संदेश खोल सकती है।

इंटरनेट के लिए नया सर्वेक्षण ''मृत्युदंड''

फोटो और ग्राफिक्स

जोन स्टेवर्ट का कहना है कि पत्रकारों के अनुसार एक अच्छा चित्र आपके लेख को पत्रिका के पिछले भाग से अगले भाग पर ला सकता है। जब आप समाचार का कोई विचार बना रहे हों तब चित्र निर्णायक कारक सिद्ध हो सकते हैं। कोई संपादक यह जानता है कि आप चित्र उपलब्ध करा सकते हैं अथवा उनका अपना फोटोग्राफर किसी मनोरंजक वस्तु के चित्र खींच सकता है, तो आपके समाचार के विचार के लिए उसे 'हां' कहकर प्रोत्साहित किया जा सकता है।

संवाददाता सम्मेलन (Press Conference)

शायद संवाददाता सम्मेलन जनसम्पर्क अधिकारी के लिए सबसे बड़ी घटना होता है क्योंकि उसे बड़े व्यापक पैमाने पर प्रचार की व्यवस्था करनी पड़ती है।

संवाददाता सम्मेलन की व्यवस्था करने से पहले कुछ बातों को अवश्य ध्यान में रखना चाहिए :

1. उद्देश्य

संवाददाता सम्मेलन का उद्देश्य अत्यंत स्पष्ट होना चाहिए और सम्मेलन में कुछ प्रमुख निर्णय भी बता दिए जाने चाहिए। यदि सम्मेलन का आयोजन किसी विशेष उद्देश्य के बगैर रिपोर्टरों से केवल बातचीत करना ही हो तो यह विफल हो जाएगा। वास्तव में आज के परिदृश्य में अधिकांश कवरेज की व्यवस्था प्रेस विज्ञप्ति के द्वारा अथवा विशेष कवरेज के लिए प्रेस रिपोर्टर को बुलाकर की जा सकती है।

परंतु जब मुद्दा राष्ट्रीय महत्त्व का हो और प्रेस कवरेज को उच्च क्रम अर्थात प्राथमिकता की जरूरत हो तो संगठन के प्रमुख (chief executive) को सम्मेलन संबोधित करना चाहिए। कुछ प्रश्नों का उत्तर देने के लिए वह अपने वरिष्ठतम निदेशकों की सहायता प्राप्त कर सकता है।

2. दोतरफा संचार (संप्रेषण)

विज्ञप्ति एकतरफा संप्रेषण है, जबकि संवाददाता सम्मेलन अंतःसंपर्कात्मक होता है। अतः संस्था के प्रमुख (मुख्य कार्यकारी अधिकारी) को मीडिया के विभिन्न प्रश्नों का उत्तर देने के लिए पूरी तरह तैयारी करनी चाहिए। संवाददाता सम्मेलन दो धारवाला हथियार है। यह कमाल कर सकता है और संगठन की छवि खराब भी कर सकता है।

3. प्रेस किट

प्रेस किट में संगठन के बारे में आधार नोट (जानकारी) और संवाददाता सम्मेलन का विषय भी होना चाहिए। इसमें मुख्य कार्यकारी अधिकारी द्वारा बताने और स्पष्ट करने के लिए सामग्री हानी चाहिए। इसमें संक्षिप्त प्रेस वक्तव्य भी होना चाहिए और जो रिपोर्टर संवाददाता सम्मेलन में भाग लेने में असमर्थ हो, यह उसके लिए भी होना चाहिए। कहने की आवश्यकता नहीं है कि किट में संगठन के बारे में स्मारिका (souvenir) के साथ-साथ ब्रोशर, लीफलैट्स, फोटोग्राफ और नोटपैड भी होने चाहिए। उदाहरण के लिए, एक शिक्षा संस्था पुरूषों के लिए टाई और महिलाओं के लिए स्कार्फ प्रदान कर सकती है।

4. समय और स्थान

किट में आवश्यक सामग्री डालने के बाद जनसम्पर्क अधिकारी को संगठन के प्रमुख से परामर्श करके संवाददाता सम्मेलन के लिए तारीख और समय निर्धारित करना चाहिए।

भारतीय प्रेस क्लब (Press Club of India) में सम्मेलन आयोजित करना ठीक रहता है क्योंकि यह प्रेस रिपोर्टरों का अड्डा है जोकि एक प्रमुख स्थान है जहाँ पर उन्हें कई बार आना पड़ता है। इससे यह आभास भी होता है कि संगठन आरामदायक होटलों में खर्च करने की बजाए समाचारों में रुचि रखता है।

संवाददाता सम्मेलन की तारीख निर्धारित करने में विशेषकर किसी खाली अथवा कम व्यस्त दिन को चुनना चाहिए जब कोई और बड़ा समारोह न हो जैसे स्वतन्त्रता दिवस, गणतंत्र दिवस संध्या, रेलवे बजट, सामान्य बजट, राष्ट्रपति का अभिभाषण, होली और दीपावली (इन दो त्यौहारों पर समाचारपत्र सामान्यतौर पर अगले दिन नहीं निकलते)।

संवाददाता सम्मेलन दोपहर को आयोजित करना अच्छा होता है और बाद में लंच भी दिया जाना चाहिए क्योंकि इसके बाद रिपोर्टर समाचार देने के लिए कार्यालय जाते हैं।

यदि संवाददाता सम्मेलन की व्यवस्था संगठन के कार्यालय अथवा फैक्टरी में

की जाती है जो दूरदराज स्थान पर है तो रिपोर्टरों को लाने और छोड़ने के लिए वाहनों का प्रबंध किया जाना चाहिए।

संवाददाता सम्मेलन के लिए निमंत्रण निम्न अनुसार सम्मेलन से 2-3 दिन पहले दस्ती भेजा जाना चाहिए (बाद में इसके लिए फोन भी करना चाहिए)

सेवा में, दिनांक :

मुख्य संवाददाता

विषय : संवाददाता सम्मेलन।

प्रिय महोदय/महोदया,

हमें आपको सूचित करते हुए हर्ष है कि हमारी संस्था के मुख्य कार्यकारी अधिकारी श्री/सुश्री..............................दिनांक........................को (विषय) पर................................स्थान पर................................(समय).......पर संवाददाता सम्मेलन को संबोधित करेंगे/करेंगी।

इसके बाद लंच दिया जाएगा।

इस सम्मेलन के समाचार/सूचना एकत्र करने के लिए अपने रिपोर्टर को भेजने की कृपा करें।

हम आपके कृतज्ञ होंगे।

धन्यवाद,

जनसम्पर्क अधिकारी

केस-8

दिल्ली विश्वविद्यालय द्वारा इग्नू की उपाधियों की मान्यता के सम्बन्ध में टाइम्स आफ इंडिया समाचारपत्र में एक समाचार प्रकाशित हुआ।

आवरण पृष्ठ पर एक विद्यार्थी जिसके बारे में समाचार प्रकाशित हुआ, उसने इग्नू से स्नातक किया था। उसे दिल्ली विश्वविद्यालय में प्रवेश देने से मना कर दिया गया और कहा गया कि इग्नू की बी.ए. मान्यता प्राप्त नहीं है।

अखबार में प्रकाशित इस समाचार के सम्बन्ध में टाइम्स आफ इंडिया के समाचार संपादक और दिल्ली विश्वविद्यालय के कुलपति के साथ बातचीत की गई। खबर से ऐसा लगता था जैसे इग्नू की उपाधियों को दिल्ली विश्वविद्यालय से मान्यता की जरूरत है।

यह स्पष्ट किया गया था कि इग्नू (दूर शिक्षा परिषद के माध्यम से) विश्वविद्यालय

अनुदान आयोग के समकक्ष है जो राज्य मुक्त विश्वविद्यालयों को इसी प्रकार अनुदान देता है जैसे विश्वविद्यालय अनुदान आयोग दिल्ली विश्वविद्यालय को अनुदान प्रदान करता है और चूँकि यह भारतीय विश्वविद्यालय संघ (Association of Indian Universities) का सदस्य है इसलिए इसकी सभी उपाधियाँ अन्य विश्वविद्यालयों की उपाधियों के समतुल्य हैं और विश्वविद्यालय अनुदान आयोग इग्नू की उपाधियों को परंपरागत विश्वविद्यालयों के समकक्ष मानता है।

यह मामला टाइम्स ऑफ इंडिया में छपा और विद्यार्थी को प्रवेश प्रदान कर दिया गया। फिर भी, यह महसूस किया गया कि जब ऐसी घटनाएँ राजधानी में घटित हो सकती हैं तो देश के सभी भागों में इग्नू की उपाधियों की विश्वसनीयता के सम्बन्ध में संदेहों को दूर करने के लिए एक संवाददाता सम्मेलन आयोजित करना अत्यंत जरूरी है।

कुलपति ने संवाददाता सम्मेलन को संबोधित किया और पूरे देश में प्रमुख समाचारपत्रों में इसे प्रकाशित किया गया।

इस समाचार को विद्यार्थियों के लाभ के लिए क्षेत्रीय केंद्रों के साथ-साथ इग्नू के न्यूजलैटर में भी प्रकाशित किया गया।

इसे दूरदर्शन और रेडियो से भी प्रसारित किया गया क्योंकि यह एक ऐसा समाचार था जो विद्यार्थियों की विशाल संख्या को प्रभावित कर रहा था।

समाचार इस प्रकार है :

इन्दिरा गांधी राष्ट्रीय मुक्त विश्वविद्यालय (इग्नू) के कुलपति ने आज घोषित किया कि इग्नू द्वारा प्रदान की जा रही सभी उपाधियां, डिप्लोमा और सर्टिफिकेट देश में अन्य विश्वविद्यालयों की उपाधियों, डिप्लोमा और सर्टिफिकेटों के समकक्ष हैं।

फरवरी, 1992 में जारी विश्वविद्यालय अनुदान आयोग के परिपत्र का उल्लेख करते हुए कुलपति ने बल दिया कि "इग्नू 1985 में संसद के एक अधिनियम द्वारा स्थापित एक केंद्रीय विश्वविद्यालय है। इसकी उपाधियाँ, डिप्लोमा और सर्टिफिकेट भारतीय विश्वविद्यालय संघ (ए.आई.यू.) परिपत्र, दिनांक 5 जनवरी, 1994 के अंतर्गत भारतीय विश्वविद्यालय संघ के सभी सदस्यों द्वारा मान्यता प्राप्त हैं।"

5. एक अच्छा समाचार

यह गलत धारणा है कि अच्छा भोजन और शराब देकर कमजोर समाचार अखबारों की सुर्खियाँ बन सकता है। ऐसा नहीं है। यदि कोई संवाददाता एक लंबा समाचार भेजता है जो समाचार योग्य नहीं हैं तो इसे देखने के लिए मुख्य रिपोर्टर, उपसंपादक, मुख्य उपसंपादक और उनसे ऊपर समाचार संपादक हैं। एक कमजोर समाचार सभी

चरणों से नहीं गुजर जाए और अगली सुबह वह प्रकाशित हो जाए मुश्किल है।

अधिकांश संवाददाता सम्मेलनों में, ऐसे भी रिपोर्टर होते हैं जिन्हें आमंत्रित नहीं किया जाता है और वे केवल गड़बड़ी और हंगामा पैदा करते हैं तथा लंच और उपहार वस्तुओं का आनंद उठाते हैं। इसे रोक पाना मुश्किल होता है।

6. जानबूझकर सकारात्मक प्रश्न पूछना

अनेक बार संवाददाता सम्मेलन मुख्य विषय से हट जाता है और इसका कारण होता है कि रिपोर्टर संगठन के अंधकारपूर्ण और कमजोर बिंदु को उजागर करता है। उदाहरण के लिए संगठन की उपलब्धि का उल्लेख करने के लिए आयोजित किए गए एक संवाददाता सम्मेलन में रिपोर्टर ने संगठन में लगी उस आग की ओर ध्यान दिलाया जो कुछ दिन पहले लगी थी और इस सम्बन्ध मे प्रेस को सूचित नहीं किया गया था। अतः हितैषी रिपोर्टर द्वारा सम्मेलन को सही दिशा में रखने के लिए एक सकारात्मक प्रश्न पूछा जा सकता है।

'आज की सभा' कालम

जनसम्पर्क अधिकारी को 'आज की सभा कालम' के अंतर्गत निम्न प्रकार से स्थान प्राप्त करने का प्रयास करना चाहिएः

दिनांक : 19 सितंबर, 2005

सेवा में,
मुख्य संवाददाता

विषय : दिनांक..............को 'आज की सभा' कालम के अंतर्गत प्रकाशनार्थ।

प्रिय महोदय/महोदया,

कृपया निम्नलिखित समाचार/सूचना को अपने प्रतिष्ठित समाचारपत्र में दिनांक 23-09-2005 को प्रकाशित करने का कष्ट करें।

इन्दिरा गांधी राष्ट्रीय मुक्त विश्वविद्यालय (इग्नू) : महाविश्वविद्यालयों का तीन दिवसीय दूसरा विश्व सम्मेलन, केंद्रीय मानव संसाधन विकास मंत्री, माननीय श्री अर्जुन सिंह द्वारा होटल राजहंस, सूरजकुंड (हरियाणा) में उद्घाटन, समय प्रातः 10.30 बजे।

धन्यवाद,

भवदीय,
मुख्य जनसम्पर्क अधिकारी

प्रेस कवरेज के लिए निमंत्रण

जब कोई समारोह आयोजित किया जाना हो तो जनसम्पर्क अधिकारी को चाहिए कि वह मीडिया को एक पत्र जारी करे जिसमें समारोह में भाग लेने का अनुरोध किया गया हो। यह पत्र इस प्रकार हो सकता है :

दिनांक : 29.06.2005

सेवा में,
मुख्य संवाददाता

विषय : मीडिया कवरेज

प्रिय महोदय/महोदया,

हम आपको सहर्ष सूचित करते हैं कि **10वां जी. रामरेड्डी स्मृति व्याख्यान,** संचार केंद्र (ई.एम.पी.सी.), इग्नू, मैदानगढ़ी, नई दिल्ली-110068 में दिनांक 02-07-2005 को आयोजित किया जाएगा। व्याख्यान राष्ट्रीय न्यायिक अकादमी के निदेशक प्रो. एन.आर. माधव मेनन द्वारा प्रातः **11.00 बजे** दिया जाएगा।

कृपया सूचना/समाचार एकत्र करने के लिए अपना प्रतिनिधि भेजने का कष्ट करें। हम आपके आभारी होंगे।

धन्यवाद,

भवदीय,
मुख्य जनसम्पर्क अधिकारी

प्रेस ब्रीफिंग

प्रेस ब्रीफिंग संवाददाता सम्मेलन से भिन्न होती है क्योंकि यह अनौपचारिक होती है और इसके लिए व्यापक प्रबंधों की जरूरत नहीं पड़ती है।

प्रेस ब्रीफ **सकरात्मक (proactive)** और **प्रतिक्रियात्मक (reactive)** हो सकती हैं।

सकरात्मक प्रेस ब्रीफ : इसका अर्थ है कि संकट की स्थिति के पश्चात कुछ स्पष्टीकरणों और दृष्टिकोणों की आवश्यकता पड़ती है। इस मामले में प्रेस ब्रीफिंग के लिए कुछ मीडिया कर्मियों को आमंत्रित किया जाता है। महत्त्वपूर्ण मुद्दों के अतिरिक्त अनौपचारिक ब्रीफिंग भी होती हैं जिनकी जानकारी प्रवक्ता द्वारा दी जाती है तथा गलत कथन से बचने के लिए लिखित वक्तव्य भी दिया जाता है।

प्रतिक्रियात्मक प्रेस ब्रीफ : इस मामले में समाचार भेजने से पहले पत्रकार मुख्य प्रवक्ता से कुछ स्पष्टीकरण अथवा उसके विचार जानता है।

फीचर और लेख

जनसम्पर्क अधिकारी को अपने संगठन के सकारात्मक फीचर और लेख लिखने का प्रयास स्वयं करना चाहिए। यदि फीचर/लेख सही ढंग से लिखा जाए तो यह अमिट छाप छोड़ता है।

समाचार की कहानी और फीचर में यह अंतर है कि समाचार की कहानी तथ्य को प्रस्तुत करती है वहीं फीचर नाटक का रूप प्रस्तुत करता है और इसमें विस्तृत जानकारी दी जाती है जो पाठकों की कल्पना को आकृष्ट करती है। फीचर समाचार की अपेक्षा ज्यादा प्रभावशाली होता है क्योंकि इसमें मानवीय रुचि का दृष्टिकोण होता है। साक्षात्कार पर आधारित समाचारों सहित चित्र और ग्राफिक्स (लेखाचित्र) फीचरों के प्रभाव को बढ़ाने में अत्यंत महत्त्वपूर्ण भूमिका निभाते हैं।

फीचरों को उल्टी पिरामिड शैली में नहीं लिखना चाहिए। 'इंट्रो' अत्यंत विशेष और अपरंपरागत होना चाहिए। परंतु भाषा अथवा व्याकरण के साथ स्वतन्त्रता बरती जा सकती है। फीचरों के लिए मुख्य विषयवस्तु होनी चाहिए।

प्रेस टुअर (Press Tour)

प्रेस टुअर पत्रकार सम्मेलन की तरह होता है। तथापि इसके लिए व्यापक प्रबंध करने की जरूरत होती है क्योंकि दल को बहुत दूर तक ले जाना पड़ता है। अवसर कोई महत्त्वपूर्ण उपलब्धि, परियोजना आरंभ करना अथवा दुर्घटना जैसी संकट की स्थिति हो सकता है। अतः इस पर पर्याप्त ध्यान दिया जाना चाहिए क्योंकि सम्बन्धित पत्रकार को कार्यस्थल से कई दिन तक दूर रहना पड़ सकता है।

जनसम्पर्क अधिकारी के पास पत्रकारों की सूची होनी चाहिए, उसे यात्रा की उपयुक्त व्यवस्था और स्थल पर आवास का प्रबंध करना चाहिए तथा स्थल पर ही प्रेस दल को जानकारी देने, आधारभूत सूचना और अतिथि-सत्कार का प्रबंध होना चाहिए। संगठन का जिम्मेदार प्रतिनिधि प्रेस दल के साथ रहना चाहिए तथा उसे आतिथ्य-प्रबंध का निरीक्षण भी करना चाहिए।

प्रदर्शनियाँ

प्रदर्शनियों में अंतरराष्ट्रीय व्यापार मेलों से लेकर समुदाय द्वारा आयोजित किए जानेवाले स्थानीय मेलों से सम्बन्धित विविध प्रकार की घटनाओं की जानकारी होती है।

प्रदर्शनी को त्रिआयामी विज्ञापन (three dimensional advertising) भी कहा जाता है क्योंकि यह मौजूदा ग्राहकों और संभावित ग्राहकों के लिए एक मिलन-स्थल होती है तथा यह बिक्री के नए क्षेत्र/बाजार की पहचान करने में सहायता कर सकती है। यह उत्पादों, सेवा और प्रस्तुतीकरण के संदर्भ में प्रतियोगियों

के कार्यनिष्पादन का आकलन करने में सक्षम बनाती है।

प्रदर्शनियाँ पूछताछ और बुकिंग आर्डर प्राप्त करने में भी योगदान कर सकती हैं।

प्रदर्शनी की योजना बनाने में निम्नलिखित बातों को शामिल किया जाना चाहिए :

1. प्रदर्शनियों से क्या प्राप्त किया जाता है, इसके बारे में स्पष्ट जानकारी;
2. सुविधाजनक और उपयुक्त समय;
3. प्रत्येक वस्तु के लिए निर्धारित धनराशि के साथ तैयार किया गया बजट;
4. स्टैंड का डिज़ाइन तैयार करना और अन्य प्रदर्शन सम्बन्धी उपकरणों (display devices) जैसे पोस्टर, फोटोग्राफ, चित्रों का एनिमेटिड फ्लो आरेख, श्रव्य-दृश्य सामग्री आदि तैयार करना;
5. प्रचार के लिए व्यवस्था, पत्रकार-सम्मेलन, विज्ञापन और वितरण के लिए सामग्री तैयार करना;
6. बीमा, परिवहन, प्रकाश-व्यवस्था, अतिथि-सत्कार, अत्यंत महत्त्वपूर्ण व्यक्तियों का स्वागत करना, ड्यूटी बाँटना तथा आपातकालीन सावधानियाँ बरतना;
7. आगंतुकों (मुलाकातियों) के प्रश्नों का उत्तर देना और मूल्यांकन प्रयासों में सहायता करने के लिए आगंतुक पुस्तिका उपलब्ध कराना।

प्रदर्शनी एक महंगा माध्यम है। स्थान, डिजाइनिंग, स्टालों के निर्माण, परिवहन, डिलीवरी, विज्ञापन, मुद्रित सामग्री आदि पर बहुत धन खर्च होता है।

केस-9

भारत पंप्स एंड कंप्रेसर्स लिमिटेड (बी.पी.सी.एल.) हैवी ड्यूटी पंपों, कंप्रेसरों और गैस सिलिंडरों का निर्माण करता है जिनका प्रयोग जलशोधन संयंत्रों, विद्युत उत्पादन आदि में किया जाता है।

ये उपभोक्ता वस्तुएँ नहीं हैं और अत्यधिक तकनीकी हैं। कंपनी द्वारा निर्मित इन उत्पादों की बिक्री विज्ञापन और प्रचार के बावजूद बढ़ नहीं रही थी।

यह निर्णय लिया गया कि बी.पी.सी.एल. को निजी बिक्री और प्रदर्शनी पर ध्यान देना चाहिए।

संगठन ने इंडियन इंजीनियरिंग ट्रेड फेयर, नई दिल्ली, इंडिया इंटरनेशनल ट्रेड फेयर, नई दिल्ली और कैम टैक एक्जीबिशन, मुंबई एवं भारत में तथा विदेशों में अन्य इसी प्रकार की प्रदर्शनियों में भाग लिया। इसके अतिरिक्त, व्यापार मेलों की पत्र-पत्रिकाओं में विज्ञापन भी जारी किए गए जिन्हें प्रदर्शनी स्थलों पर व्यापकरूप से परिचालित किया गया। इसके अलावा तकनीकी विशेषज्ञों ने आयल इंडिया लिमिटेड, असम जैसे उत्तर-पूर्व स्थानों में भारी शुल्क उपस्करों का प्रदर्शन आयोजित

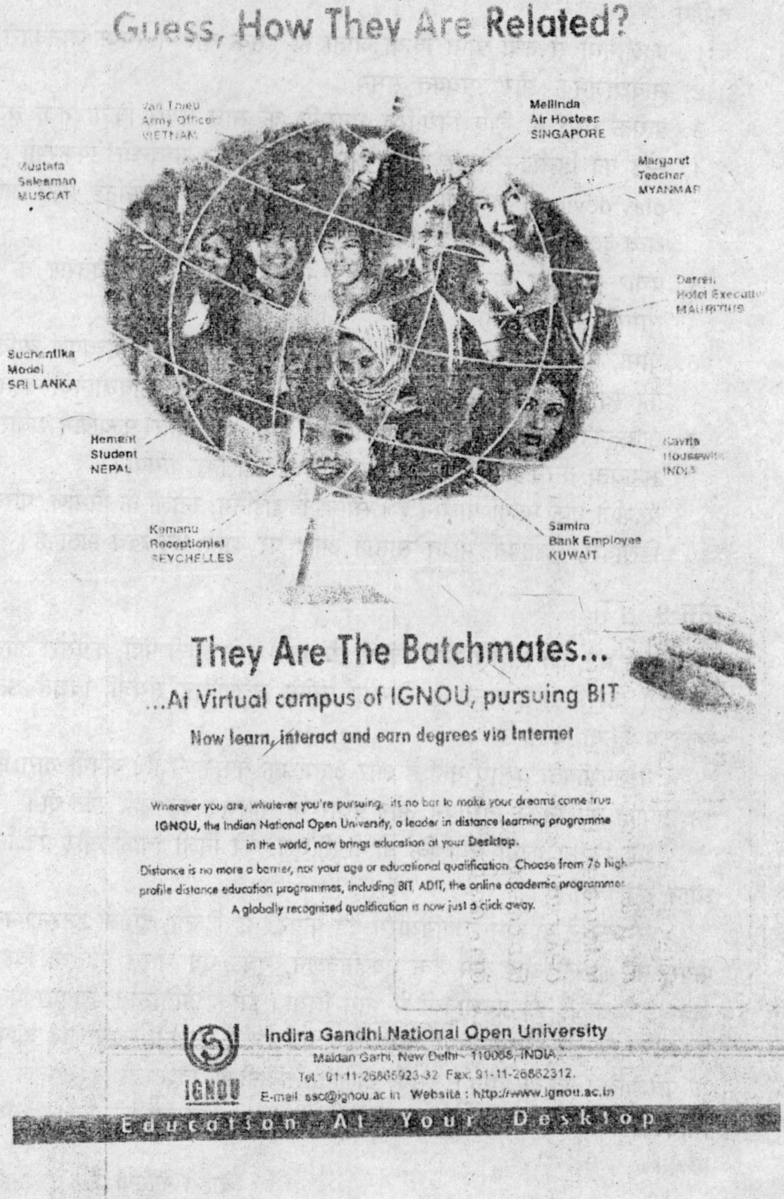
Guess, How They Are Related?
Van Thieu
Army Officer
VIETNAM
Mellinda
Air Hostess
SINGAPORE
Mustafa
Saleeman
MUSCAT
Margaret
Teacher
MYANMAR
Darren
Hotel Executive
MAURITIUS
Suchentika
Model
SRI LANKA
Hement
Student
NEPAL
Kavita
Housewife
INDIA
Kemanu
Receptionist
SEYCHELLES
Samira
Bank Employee
KUWAIT
They Are The Batchmates...
...At Virtual campus of IGNOU, pursuing BIT
Now learn, interact and earn degrees via Internet
Wherever you are, whatever you're pursuing, its no bar to make your dreams come true.
IGNOU, the Indian National Open University, a leader in distance learning programme in the world, now brings education at your Desktop.
Distance is no more a barrier, nor your age or educational qualification. Choose from 76 high profile distance education programmes, including BIT, ADIT, the online academic programmes.
A globally recognised qualification is now just a click away.
IGNOU
Indira Gandhi National Open University
Maidan Garhi, New Delhi - 110068, INDIA.
Tel. 91-11-26866923-32 Fax: 91-11-26862312.
E-mail: ssc@ignou.ac.in Website : http://www.ignou.ac.in
Education At Your Desktop

करने के लिए अपने ग्राहकों के परिसरों का दौरा किया।

इन कदमों से, विशेषकर प्रदर्शनियों के दौरान और उसके बाद बिक्री बढ़ गई और यहाँ पर महत्त्वपूर्ण प्रतिष्ठित व्यक्तियों तथा ग्राहकों को बी.पी.सी.एल. के स्टाल/मंडप का दौरा करने के लिए अनुरोध किया गया।

विज्ञापन (Advertising)

विज्ञापन अनुनय-विनय और आक्रामक संचार है। जनसम्पर्क विभाग में विज्ञापनों का प्रयोग अनुनय संचार के उपकरणों के रूप में किया जाता है। विज्ञापन का उद्देश्य लोगों को सूचना देना, उनका मार्गदर्शन करना, उन्हें सलाह देना और शिक्षित करना है तथा उन्हें विशिष्ट दृष्टिकोण की ओर परिवर्तित करना है।

देश में साक्षरता के बढ़ने के कारण विज्ञापन का जनसम्पर्क के लिए बहुत महत्त्व बढ़ जाएगा। समाचारपत्रों के परिचालन के बढ़ते ग्राफ से जनसम्पर्क विभाग को खर्च किए जानेवाले धन को महत्त्व देना चाहिए।

सबसे पहले मामले का पूरा अनुसंधान करना चाहिए और यह पता लगाना चाहिए कि विज्ञापन का मूल उद्देश्य क्या है, कौनसे मुख्य लक्ष्य समूह अथवा घटक हैं और वे कौनसी पत्रिका, मीडिया का प्रयोग करते हैं। इसके लिए, जनसम्पर्क अधिकारी का मार्गदर्शन आडिट ब्यूरो आफ सर्कुलेशन (ABC) में उपलब्ध परिचालन आंकड़ों (circulation figures) और शोध आंकड़ों तथा इंडियन मार्केट रिसर्च ब्यूरो (IMRB), मार्केट एंड रिसर्च ग्रुप (MARG) जैसे अनुसंधान संगठनों द्वारा आयोजित किए जाने वाले राष्ट्रीय पठन सर्वेक्षण (National Readership Survey) द्वारा किया जाता है।

विज्ञापन का डिजाइन तैयार करना

डिजाइन (अभिकल्प) विज्ञापन के विभिन्न तत्वों की सौंदर्यपरक व्यवस्था है जिसमें नारे, चित्र, दृश्य, ग्राफिक्स, प्रतिकृति (कापी) और ट्रेड मार्क आदि होते हैं। निस्संदेह, विज्ञापन की रूपरेखा और डिजाइन अत्यंत सुंदर और आकर्षक होने चाहिए। इस उद्देश्य के लिए, विज्ञापन एजेंसियों को आमंत्रित किया जाना चाहिए और सर्वोत्तम डिजाइन का चयन किया जाना चाहिए।

1) निजी विज्ञापन एजेंसी

आमतौर पर, संगठन भारतीय समाचारपत्र समिति (Indian Newspaper Society-INS) द्वारा मान्यताप्राप्त विज्ञापन एजेंसियों को कार्य सौंपता है क्योंकि यह एजेंसियों को ऋण सुविधा प्रदान करता है। यदि कोई विज्ञापन (उदाहरण के लिए 1 लाख रुपए) समाचारपत्र को जारी किया जाता है तो यह एजेंसी से तत्काल भुगतान की

Education Infinite......

Indira Gandhi National
Open University

माँग नहीं करेगा परंतु विज्ञापन जारी होने के 60 दिन के अंदर इसका भुगतान करने की अनुमति दी जाती है। एजेंसी तब ग्राहक से भुगतान ले लेती है और 15% कमीशन लाभ के रूप में (उदाहरणार्थ 15000/- रुपए) काटने के बाद समाचारपत्र को 85000/- रुपए दे देती है। यह 15% कमीशन सभी आई.एन.एस. मान्यताप्राप्त एजेंसियों को दिया जाता है। इस प्रकार की एजेंसियाँ जिन्हें अस्थायी मान्यता मिली हुई है, वे समाचारपत्र कार्यालयों से केवल 10% कमीशन प्राप्त करती हैं।

कड़ी प्रतियोगिता के कारण, विभिन्न विज्ञापन एजेंसियाँ जनसम्पर्क अधिकारी को संगठन के लिए अनौपचारिक अथवा औपचारिक रूप से अपने 15% कमीशन का एक भाग देती हैं। दोनों कार्य गलत हैं और ऐसा करने पर भारतीय समाचारपत्र समिति से कड़ा दंड मिल सकता है। उदाहरण के लिए, विज्ञापन जारी करने पर आई.एन.एस. समाचारपत्र/ग्राहक पर निषेध लागू कर सकता है।

विज्ञापन एजेंसी समाचारपत्र के बिल को छोड़कर ग्राहक से किसी भी प्रकार का भुगतान प्राप्त नहीं करती है। सृजनात्मक कार्यों के लिए, विज्ञापन एजेंसी को उचित भुगतान किया जाता है।

स्थानीय समाचारपत्रों में विज्ञापन जारी करने के बाद, विज्ञापन एजेंसी का पैनल तैयार किया जाता है, जो इस प्रकार है :

विज्ञापन एजेंसियों का पैनल (सूची)

क ख ग संगठन भारतीय समाचारपत्र समिति (आई.एन.एस.) एजेंसियों से पैनल बनाने के लिए आवेदन पत्र आमंत्रित करता है।

एजेंसियाँ जो रुचि रखती हों इस विज्ञापन के जारी होने के 15 दिनों के अंदर अधोहस्ताक्षरी को आवेदन कर सकती हैं।

जन सम्पर्क अधिकारी

आमतौर पर एजेंसियों का पैनल बनाने के लिए एक समिति बनाई जाती है और पैनल बनाने हेतु विभिन्न कारकों जैसे समीपता, टर्नओवर, शाखाओं, मुख्यालय की स्थिति और जीते गए पुरस्कारों को भी शामिल किया जाता है। छांटी गई एजेंसियों को संगठन के बारे में एक विज्ञापन बनाने के लिए कहा जाता है जिससे एजेंसी के कार्यकलापों का बेहतर ढंग से पता चलता है। एजेंसियों का ब्यौरा समिति के सदस्यों को नहीं बताया जाता है और सभी सदस्यों से विज्ञापन को अंक देने के लिए कहा जाता है। जिस विज्ञापन को सबसे अधिक अंक प्राप्त होते हैं, उन एजेंसियों को एक

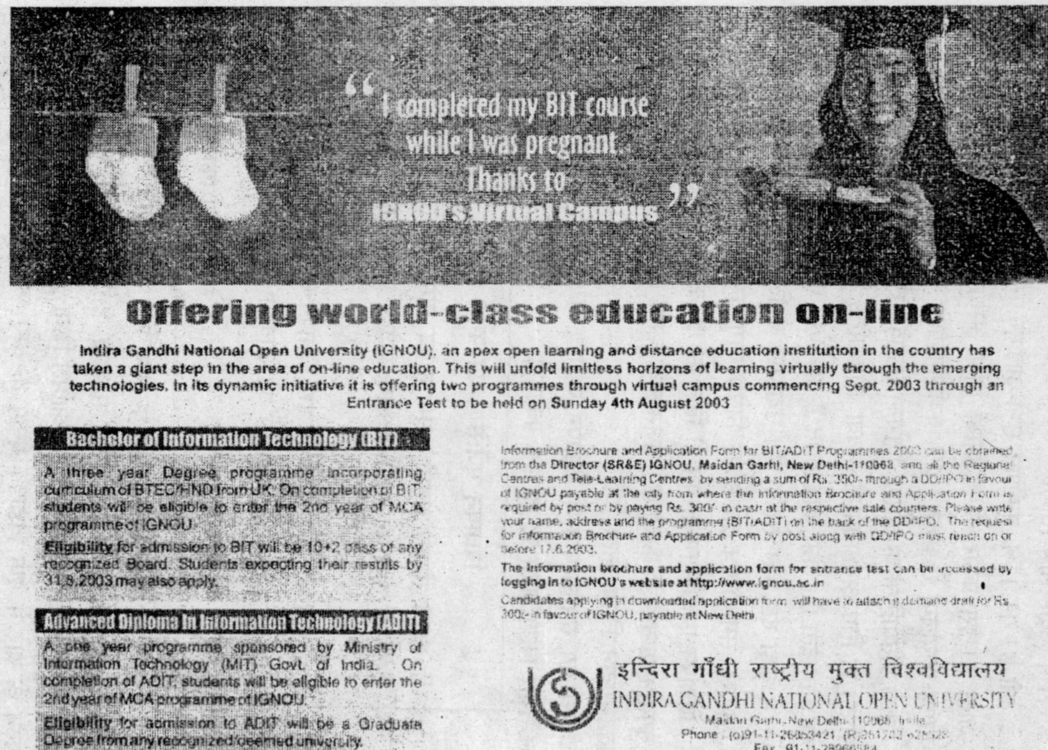

"I completed my BIT course
while I was pregnant.
Thanks to
IGNOU's Virtual Campus"
Offering world-class education on-line
Indira Gandhi National Open University (IGNOU), an apex open learning and distance education institution in the country has taken a giant step in the area of on-line education. This will unfold limitless horizons of learning virtually through the emerging technologies. In its dynamic initiative it is offering two programmes through virtual campus commencing Sept. 2003 through an Entrance Test to be held on Sunday 4th August 2003
Bachelor of Information Technology (BIT)
A three year Degree programme incorporating curriculum of BTEC/HND from UK. On completion of BIT, students will be eligible to enter the 2nd year of MCA programme of IGNOU.
Eligibility for admission to BIT will be 10+2 pass of any recognized Board. Students expecting their results by 31.8.2003 may also apply.
Advanced Diploma in Information Technology (ADIT)
A one year programme sponsored by Ministry of Information Technology (MIT) Govt. of India. On completion of ADIT, students will be eligible to enter the 2nd year of MCA programme of IGNOU.
Eligibility for admission to ADIT will be a Graduate Degree from any recognized/deemed university.
Information Brochure and Application Form for BIT/ADIT Programmes 2003 can be obtained from the Director (SR&E) IGNOU, Maidan Garhi, New Delhi-110068, and all the Regional Centres and Tele-Learning Centres by sending a sum of Rs. 350/- through a DD/IPO in favour of IGNOU payable at the city from where the Information Brochure and Application Form is required by post or by paying Rs. 300/- in cash at the respective sale counters. Please write your name, address and the programme (BIT/ADIT) on the back of the DD/IPO. The request for Information Brochure and Application Form by post along with DD/IPO must reach on or before 17.6.2003.
The information brochure and application form for entrance test can be accessed by logging in to IGNOU's website at http://www.ignou.ac.in
Candidates applying in downloaded application form will have to attach a demand draft for Rs. 300/- in favour of IGNOU, payable at New Delhi
इन्दिरा गाँधी राष्ट्रीय मुक्त विश्वविद्यालय
INDIRA GANDHI NATIONAL OPEN UNIVERSITY

अथवा दो वर्षों के लिए सूचीबद्ध (उनके कार्यालयों का स्वयं दौरा करने के बाद) कर लिया जाता है और विज्ञापन का कार्य समान आधार पर आबंटित किया जाता है।

विज्ञापन एजेंसी के माध्यम से विज्ञापन जारी करना हमेशा अच्छा होता है। समाचारपत्र को सीधे विज्ञापन देने से कोई बचत नहीं होती है। क्योंकि अनेक समाचारपत्र ग्राहक को छूट (कमीशन) नहीं देते। इसके अतिरिक्त, यदि विज्ञापन की समय सीमा होती है तो जनसम्पर्क अधिकारी को विज्ञापन को जारी करने के लिए पर्याप्त तालमेल और उस पर अधिक निगरानी रखनी पड़ती है।

दूसरी ओर, दृश्य एवं प्रचार निदेशालय (Directorate of Advertising and Visual Publicity- D.A.V.P.) जिसका स्वामित्व भारत सरकार के पास है, यदि वह विज्ञापन ज़ारी करने के लिए सहमत हो जाता है तो उससे भी सम्पर्क किया जा सकता है।

2) सरकारी विज्ञापन एजेंसी

विज्ञापन एवं दृश्य प्रचार निदेशालय (डी.ए.वी.पी.), सूचना और प्रसारण मंत्रालय

सामान्यतौर पर यह निदेशालय केवल केंद्रीय सरकार के कार्यालयों और मंत्रालयों के विज्ञापनों को डी.ए.वी.पी. दरों पर जारी करता है जो आमतौर पर समाचारपत्रों की सामान्य (व्यावसायिक) दरों का एक-तिहाई होती हैं। यदि संगठन ने आरंभ में डी.ए.वी.पी. को विज्ञापनों के लिए चुना है तो सरकारी विज्ञापन विशाल संख्या में होने के कारण, समाचारपत्र डी.ए.वी.पी. दरों के लिए सहमत हो जाते हैं। यदि संगठन समाचारपत्र को व्यावसायिक दरों का पहले ही भुगतान कर रहा है तो डी.ए.वी.पी. दरों पर लौटना कठिन हो जाता है। इसके अतिरिक्त, अनेक समाचारपत्र डी.ए.वी.पी. दरों पर विज्ञापन जारी नहीं करते और इस प्रकार जनसम्पर्क अधिकारी को वैकल्पिक समाचारपत्रों का चयन करना पड़ता है।

विज्ञापन एजेंसी सेवा के मानदंड

विज्ञापन एजेंसियों को निम्नलिखित मानदंडों का पालन करना होगा :

विज्ञापन एजेंसी सेवा में जनता को उत्पाद अथवा सेवा के लाभों के बारे में बताना शामिल है जो निम्नलिखित पर आधारित है :

1. उत्पाद और इसकी प्रतियोगिता में शामिल लाभों और हानियों का आकलन करने के लिए उत्पाद अथवा सेवा का अध्ययन।
2. वर्तमान और संभावित बाजार का विश्लेषण जिसके लिए उत्पाद अथवा सेवा को अंगीकार किया जाता है।
3. वितरण और बिक्री के कारकों का ज्ञान तथा उनके संचालन की विधि।
4. सभी उपलब्ध मीडिया का व्यावहारिक ज्ञान जिसका प्रयोग उत्पादों के मुख्य भागों

For those
who want to learn
from the best Professors
of your subject.
Watch
'Gyan Darshan'
24 HOUR NON-STOP 'EduTAINMENT'
One hour of televiewing (8 p.m. to 9 p.m. everyday) will give you all, you need to know about your recent assignments.
Industrial Chemistry
1st March to 11th April, 2004
For instant interaction with the faculty call oxoxoxo, oxoxoxo
GYAN DARSHAN
Watch TV. It's study time.
* 'Gyan Darshan' is an exclusive Educational TV Channel of Electronic Media Educational Centre, IGNOU
Ask your Cable Operator today
IGNOU

के लिए उत्पाद अथवा सेवा की व्याख्या करने के लिए किया जा सकता है।

5. पिछले पैराग्राफों में बताए अनुसार, अध्ययन, विश्लेषण और ज्ञान के आधार पर प्रचार की निश्चित योजना को निर्मित करने की योग्यता।
6. इस योजना को लागू करने के लिए योग्यता और सुविधाएँ निम्नलिखित हो सकती हैं :
   क) लिखना, अनुवाद करना, सचित्र विज्ञापन प्रदर्शित करना अथवा संदेश के अन्य उपयुक्त रूप।
   ख) विज्ञापन के लिए स्थान अथवा उसके अन्य साधनों के लिए अनुबंध करना।
   ग) यांत्रिक (मशीनी) रूप में संदेश तैयार करना और अनुबंध को पूरा करने के लिए उचित निर्देशों के साथ इसे अग्रेषित करना।
   घ) प्रयोग की गई सभी सामग्री, प्रदर्शन वस्तुओं (displays) अथवा अन्य साधनों की जांच करना।
   च) जांच करना, इन्वायस लिखना और सेवा-स्थान तथा तैयारी के लिए भुगतान करना।

उपर्युक्त रूपरेखा उदाहरण के लिए प्रस्तुत की गई है अर्थात यह निर्देशात्मक है। शेष, एजेंसी की सेवा पर निर्भर करता है।

भारतीय समाचार समिति का विज्ञापन संबंधी नैतिक सिद्धांत एवं चिकित्सीय मानदंड संहिता (Code of Medical Standards)

सदस्यों के मार्गदर्शन के लिए भारतीय समाचार समिति द्वारा निम्नलिखित नैतिक सिद्धांत एवं चिकित्सीय मानदंड संहिता स्वीकार किए गए हैं :

1. समिति के सदस्य विज्ञापनदाताओं (advertisers) को बेहतर सुविधाएँ देकर जैसे कम दरें, लंबी ऋण अवधियाँ, विशेष स्थितियाँ, कमीशन, छूट और कम दरों पर आर्ट वर्क देकर सीधे समर्थन नहीं करेंगे।
2. सदस्य पत्र किसी भी प्रत्यक्ष विज्ञापनदाता को न ही कमीशन और न ही किसी प्रकार की छूट प्रदान करेंगे। किसी भी विज्ञापन एजेंसी को जो मान्यताप्राप्त (प्रत्यायित) नहीं है और न ही किसी प्रचारक को 10 प्रतिशत से अधिक कमीशन देंगे।
3. सदस्य पत्र सभी उचित सावधानियाँ बरतेंगे ताकि यह सुनिश्चित किया जा सके कि उनके द्वारा स्वीकार किए गए सभी विज्ञापन वैध, स्वच्छ, ईमानदार और सही हैं तथा ये विज्ञापन प्रतिष्ठापूर्ण वस्तुओं अथवा सेवा के सम्बन्ध में हैं।
4. समिति अपने सदस्यों के माध्यम से उनके प्रकाशनों को गुणात्मक और

Knowledge Knows no Boundaries.
Throwing open new horizons in learning....
INDIRA GANDHI NATIONAL OPEN UNIVERSITY.
You always wanted to improve your qualifications, skill and competance. But there were barriers. You were too old to start afresh. Or too busy and had no time for a full time course. Or you lacked the basic education to enrol. You thought this was the end of the road for you.
IGNOU throws open new horizons in learning for people just like you.
COURSES OFFERED:
Bachelor of Arts
Bachelor of Commerce
Diploma in Management leading to Master's Degree
Certificate Course in Rural Development
Diploma in Creative Writing
Diploma in Distance Education
Certificate Course in Food & Nutrition

गुरूकुल आपके घर
देखिए
ज्ञान दर्शन
24 घंटे लगातार–शिक्षा–मनोरजन
अब गुरूकुल की शिक्षा अपने घर पर ही लें।
इग्नू द्वारा छात्रों, व्यवसायरत और सभी इच्छुक ज्ञानार्थियों के लिए 'ज्ञानदर्शन' शैक्षिक चैनल प्रस्तुत है। इग्नू एक मात्र खुला विश्व विद्यालय है जो इस तरह की सुविधा ZN शैक्षिक व व्यवसायिक प्रोग्राम का आमंत्रण दे रहा है।
For instant interaction with the faculty call OXOXOXO, OXOXOXO
GYAN DARSHAN
Watch TV. It's study time.
'Gyan Darshan' is an exclusive Educational TV Channel of Electronic Media Educational Centre, IGNOU.
Ask your Cable Operator today.
IGNOU

मात्रात्मक कारकों को विकसित करने के लिए सभी सम्भव उपायों का प्रयोग करने का उत्तरदायित्व उठाती है ताकि जनता और विज्ञापनदाताओं को सर्वोत्तम सम्भव सेवा प्रदान की जा सके।

5. सदस्य प्रकाशन समिति द्वारा प्रत्यायित सभी विज्ञापन एजेंसियों के सम्बन्ध में समिति की पुस्तिका में समय-समय पर समिति द्वारा पारित नियमों का कड़ाई से पालन करेंगें।

6. भारतीय समाचार समिति में प्रतिनिधित्व किए गए समाचारपत्रों द्वारा वह कोई भी विज्ञापन स्वीकार नहीं किया जाएगा जिसमें निम्नलिखित मामले शामिल हैं :

   क) गर्भ निरोधकों (contraceptives) अथवा विधि और मान्यताप्राप्त प्राधिकारियों द्वारा स्वीकृत उपायों अथवा रजोस्राव (menses) के विनियमन को छोड़कर महिलाओं के गर्भपात, जन्म नियंत्रण कराने का दावा करना।

   ख) यौन संलिप्तता (sexual indulgence) से जुड़ी आदतों का उपचार अथवा इन आदतों से जुड़ी किसी बीमारी का उपचार।

   ग) निम्नलिखित में से किसी भी अभिव्यक्ति का प्रयोग करना :
   अधिक स्राव, यौन अक्षमता, यौन पौरूष अथवा शक्ति नपुंसकता, स्वप्नदोष, पुरूषत्व की कमी, पुनर्यौवन प्राप्ति और अन्य ऐसे शब्द जो आकर्षित करते हैं।

   घ) ताबीजों अथवा इसी प्रकार के अन्य साधनों द्वारा किसी बीमारी का उपचार करने की सिफारिश करना।

7. कोई भी विज्ञापन जिसमें लेखक के वास्तविक विचारों को छोड़कर कोई प्रमाणपत्र शामिल है और न ही मान्यताप्राप्त भारतीय चिकित्सा व्यवहारी को छोड़कर किसी चिकित्सक द्वारा दिया गया प्रमाणपत्र शामिल है, सम्मिलित नहीं किया जाएगा जबतक कि यह स्पष्ट न हो कि लेखक एम.डी. (Doctor of Medicine) है।

8. कोई भी विज्ञापन जिसमें दावे अथवा चित्र (उदाहरण) शामिल होंगे और जिनमें इस प्रकार से मिथ्यावर्णन अथवा अतिरंजन किया गया है (बढ़ा चढ़ाकर कहा गया है) कि वे गलत प्रभावों अथवा जिनमें आक्रामक या अतिरंजित प्रकार के कथन हों, स्वीकार नहीं किया जाएगा।

9. कोई भी विज्ञापन किसी भी प्रकार से व्यक्तियों को यह विश्वास दिलाता हो कि सिफारिश किया गया उत्पाद, अस्पताल अथवा सरकारी स्रोत से है अथवा विशिष्ट प्रयोजन के लिए किसी विशेष विनिर्माता द्वारा विज्ञापित स्वामित्व की औषधि के अतिरिक्त है, उसे तब तक स्वीकार नहीं किया जाएगा जबतक कि प्रति (copy) जमा कराने वाला विज्ञापन एजेंट यह घोषित नहीं करता है

कि इस प्रकार के अस्पताल अथवा सरकारी स्रोत का प्राधिकार विधिवतरूप से प्राप्त कर लिया गया है।

10. कोई भी विज्ञापन उन समाचारपत्रों द्वारा जिनका प्रतिनिधित्व भारतीय समाचारपत्र समिति में है तथा जो औषध और जादुई उपचार (आपत्तिजनक विज्ञापन) अधिनियम, 1954, प्रतीक एवं नाम अनुपयुक्त प्रयोग की रोकथाम अधिनियम 1950, विभिन्न राज्यों के तौल एवं माप (प्रवर्तन) अधिनियम पुरस्कार प्रतियोगिता अधिनियम 1955, विभिन्न राज्यों के निषेध अधिनियम, भारतीय रिजर्व बैंक नियम एवं विनियम विभिन्न राज्यों पर लागू लाटरी (नियंत्रण एवं कर) और पुरस्कार प्रतियोगिता (कर) अधिनियम और/अथवा कोई अन्य प्रासंगिक अधिनियम जो लागू हैं, स्वीकार नहीं किया जाएगा।

* *

आंतरिक मीडिया और उपकरण

अपनी पुस्तक **पब्लिक रिलेशंस** में जयश्री एन. जेठवानी और नरेंद्रनाथ सरकार का कहना है कि प्रत्येक संगठन चाहे वह व्यापारिक संगठन हो अथवा सेवा संगठन उसे अपने उत्पादों, सेवाओं और गतिविधियों का संवर्धन करने के लिए प्रचार साहित्य की आवश्यकता पड़ती है।

1. मुद्रित साहित्य

यह बिल्कुल भी सम्भव नहीं है कि उत्पाद अथवा सेवा क्षेत्र में किसी संगठन को अपने उत्पादों और गतिविधियों का संवर्धन करने के लिए प्रचार साहित्य की जरूरत न पड़े। मुद्रित सामग्री को ब्रोशरों, इश्तहारों, पर्चों, पुस्तिकाओं, सीधी-मेल (direct mail) आदि में विभाजित किया जा सकता है। किसी विचार अथवा किसी सेवा के बारे में दर्शकों/पाठकों को सूचित करना और उसे प्रस्तुत करना ही सभी का उद्देश्य होता है।

2. वार्षिक रिपोर्ट

वार्षिक रिपोर्टों को कार्पोरेट संचार के लिए एक महत्त्वपूर्ण जनसम्पर्क उपकरण के रूप में मान्यता मिली हुई है। अधिकाधिक संगठन जनोन्मुख होते जा रहे हैं। यदि वार्षिक रिपोर्टें शेयरधारकों को भेजी जाएँ तो ये प्रतिष्ठापूर्ण प्रकाशन के रूप में कार्य कर सकती हैं और इस प्रकार भावी निवेशकों को आकर्षित किया जा सकता है। हालांकि किसी कंपनी के जनसम्पर्क की सीधी जिम्मेदारी तुलनपत्र (balance sheet) और लेखा विवरण (statement of accounts) तैयार करने की नहीं होती, फिर भी यह रिपोर्ट के समूचे दृष्टिकोण पर अध्यक्ष के वक्तव्य के मूल विषय और रिपोर्ट के प्रारूप (format) और प्रस्तुतीकरण पर प्रबंध (management) को सलाह देता है।

उपर्युक्त लक्ष्य समूह के अतिरिक्त, वार्षिक रिपोर्ट बैंकों, वित्तीय संस्थाओं, वित्तीय प्रेस (financial press) और व्यापारिक समुदाय के लिए सामान्यतया भी उपयोगी होती है।

3. फोटोग्राफ (छात्रचित्र)

फोटोग्राफ, चाहे समाचार के उद्देश्यों अथवा रिकार्ड आदि के लिए हों अथवा नए परिसर के उद्घाटन, मशीनों की स्थापना अथवा कोई सम्मेलन बुलाने के लिए हों, ये सब प्रेस विज्ञप्ति और आंतरिक प्रकाशनों में प्रयोग के लिए जनसम्पर्क व्यवहारी को एक बड़ा सृजनात्मक अवसर प्रदान करते हैं।

4. स्मारिकाएँ और मानार्थ सामग्री

यह लक्ष्य समूहों के साथ संप्रेषण करने का सबसे अच्छा माध्यम है। अधिकांश संगठन नए वर्ष की डायरियाँ, कैलेंडर, ग्रीटिंग कार्ड और इसी प्रकार की वस्तुएँ चुनिंदा ग्राहकों और मीडिया में वितरित करने के लिए तैयार करते हैं। कुछ संगठन स्मृति-चिह्न (momentos) भी तैयार करते हैं जिनमें उनके संगठन की व्यापारिक गतिविधियाँ प्रदर्शित की जाती हैं।

5 संस्था-पत्रिका (House Journal)

जनसम्पर्क [illegible] सुस्थापित माध्यम संस्था-पत्रिका होती है। अच्छे जनसंपर्कों को प्रोत्साहित करने में संस्था-पत्रिका का महत्त्व आंतरिक और बाह्यरूप से निस्संदेह अत्यंत उपयोगी सिद्ध हुआ है।

संस्था-पत्रिका की सामान्य परिभाषा यह है कि यह एक गैर-लाभकारी पत्रिका होती है जिसे संस्था द्वारा अपने कर्मचारियों और लक्ष्य समूह के साथ सम्पर्क बनाने के लिए प्रकाशित किया जाता है। संस्था-पत्रिकाओं का आकार, शैली और प्रकार इतना अलग-अलग होता है कि उन्हें उनके पाठकों को देखते हुए वर्गीकृत करना आसान होता है। ये पत्रिकाएँ या तो आंतरिक खपत अथवा बाहरी वितरण के लिए अथवा आंतरिक और बाहरी वितरण दोनों के लिए प्रकाशित की जाती हैं।

आंतरिक संस्था-पत्रिका की खपत का उद्देश्य किसी संगठन के सभी कर्मचारियों तथा कुछ फैक्टरियों अथवा अन्य विशिष्ट समूहों के लिए होता है। बाहरी खपत सामान्य प्रतिष्ठापूर्ण प्रकाशन के लिए हो सकती है अथवा यह जनता, ग्राहकों, व्यापारियों आदि विशेष वर्गों के लिए हो सकती है। दोहरे उद्देश्य वाली संस्था-पत्रिका के पाठकगण को बताना लगभग असम्भव होता है और यह इस प्रकार के प्रकाशन की कमजोरी होती है। इग्नू की अपने शिक्षाविदों, अधिकारियों और स्टाफ के लिए आंतरिक पत्रिका **ओपन चैनल** है और देशभर में फैले अपने 30 लाख विद्यार्थियों के लिए बाहरी पत्रिका **ओपनलैटर** है।

संस्था-पत्रिका का संपादन और प्रकाशन

किसी संगठन में जनसम्पर्क व्यक्ति आदर्शतौर पर संस्था-पत्रिका का संपादक

होता है। पत्रिका का प्रकाशन करने से पहले, इसकी संपादकीय नीति/उद्देश्यों के बारे में निर्णयों की मंजूरी प्रबंध द्वारा दी जानी चाहिए। दूसरे, एक खुली कंपनी अपने प्रकाशन की संपादकीय सत्यनिष्ठा को सुनिश्चित करती है और इसके कर्मचारी समाचारों और लेखों में योगदान कर सकते हैं। जब पाठकों के पत्र प्रकाशित होते हैं तब कर्मचारियों को अपने दृष्टिकोण को प्रस्तुत करने का सही अवसर प्राप्त होता है।

संस्था-पत्रिका को देखने से पता चल सकता है कि संस्था खुली (open) है अथवा बंद (closed) है। बंद संस्था का जर्नल एकतरफा संचार (संप्रेषण) का माध्यम हो सकता है जो कंपनी के विचारों को कर्मचारियों के सामने रखता है। इस प्रकार की पत्रिकाओं में ऐसे उच्च स्तर के अधिकारियों, विशेषकर कंपनी के मुख्य प्रबंध निदेशक/मुख्य कार्यकारी अधिकारी के बारे में जानकारी दी जाती है।

सोपान

नियोजन (Planning) : ऐसी संकल्पना विकसित कीजिए जो कंपनी के अनुरूप हो। प्रबंध के लिए प्रकाशन का प्रारूप (format) और प्रकाशन की अवधि स्वीकृत कराइए। यह सब पत्रिका के उद्देश्य, लक्ष्य समूह और बजट पर निर्भर करता है।

व्यवस्था (Organisation) : प्रबंध की स्वीकृति प्राप्त करने के बाद, कार्य कराने के लिए स्टाफ की व्यवस्था कीजिए। संगठन में जिन लोगों में लिखने की प्रवृत्ति हो, उन्हें शामिल कीजिए। इसके लिए विशेष रूप से एक छोटा संपादकीय बोर्ड बनाया जा सकता है।

प्रकाशन (Publishing) : संपादक को उस संस्करण के अतिरिक्त जिस पर काम चल रहा है पत्रिका के कई भावी संस्करण पहले से ही तैयार करने की आदत डालनी चाहिए। संपादक को वहाँ होना चाहिए जहाँ घटना हो रही है या हो चुकी है ताकि नवीनतम सूचना मिल सके।

वितरण (Distribution) : संस्था-पत्रिका का उद्देश्य तब तक पूरा नहीं होता जबतक यह लक्ष्य समूह तक नहीं पहुँच पाती। पाठकों के हाथों में पत्रिका पहुँचने के लिए सबसे तेज और सबसे किफायती सम्भावित साधनों को चुना जाना चाहिए।

वीडियो के आने से अनेक आक्रामक कंपनियाँ कर्मचारियों में संचार अथवा संप्रेषण के लिए वीडियो पत्रिकाएँ तैयार कर रही हैं।

6. बंद सर्किट टी.वी.

बंद सर्किट टी.वी. अथवा संस्था टी.वी. (in-house TV) दर्शकों के बिखरे हुए विचारों को जोड़ने का एक अच्छा माध्यम है। यदि सब इसमें भाग लें तो यह माध्यम

किफायती होता है। विषयवस्तु में विभिन्न मुद्दों पर प्रबंधन का दृष्टिकोण, कंपनी का कार्यनिष्पादन, कल्याणकारी उपाय और मानव-रुचि की कहानियाँ शामिल होती हैं।

7. सुझाव बाक्स (Suggestion Boxes)

बाक्सों को कर्मचारियों के लिए उपयुक्त स्थानों पर रखा जाता है और यहाँ तक कि उनके विचारों को अनाम (गुमनाम) रखा जाता है। ये कर्मचारियों के विचारों को सही ढंग से प्रस्तुत करने में सबसे अच्छे होते हैं।

केस-10

भारत पंप्स एंड कंप्रेसर्स लिमिटेड (बीपीसीएल) के कर्मचारी सामान्य तौर पर असंतुष्ट दिखाई देते थे।

जब नए प्रबंध निदेशक ने कार्यभार सँभाला तब उसने सबसे पहले अनेक बैठकें आयोजित करके सीधे सुझाव आमंत्रित किए।

परंतु मौजूदा अधिकारियों/कर्मचारियों के डर से कोई श्रमिक खुलकर सामने नहीं आया।

अतः एक सुझाव देकर फार्म लागू करने का निर्णय लिया गया और संयंत्र में विभिन्न स्थानों पर सुझाव बाक्स रखे गए। इन्हें केवल प्रबंध निदेशक और उसके सचिवालय द्वारा खोला जाता था और प्रत्यक्ष रूप से केवल प्रबंध निदेशक द्वारा ही इन्हें पढ़ा जाता था। जिनके सुझाव अच्छे होते थे उन्हें पुरस्कृत किया जाता था और सुझावों को लागू किया जाता था।

प्रबंधन यह देखकर आश्चर्यचकित था कि अधिकांश पत्र अनाम थे और वास्तव में सही थे। श्रमिक शाप फ्लोर (shop floor) में अधिक वेतन चाहते थे क्योंकि टर्बाइन और बायलर (boilers) बहुत अधिक आवाज़ करते थे तथा बहुत ज्यादा गर्म थे।

गैर-संयंत्र क्षेत्र में श्रमिकों के मुकाबले उन्हें थोड़ा सा अधिक प्रोत्साहन दिया गया।

जयश्री एन.जेठवानी और नरेंद्र सरकार ने निम्नलिखित के बारे में अपने विचार व्यक्त किए हैं।

8. वैयक्तिक संचार

अंतर्वैयक्तिक संचार को प्रत्यक्ष संचार कहा जाता है जो सम्भवतया संचार का सबसे अच्छा रूप है परंतु ऐसा हमेशा सम्भव नहीं होता। परंतु शाप फ्लोर पर यह सोपानक्रम में उच्च स्तरों के समक्ष अपने विचार व्यक्त करने के लिए आसानी से संचालित किया जा सकता है। इसमें प्रतिपुष्टि प्राप्त करना अधिक आसान रहता है।

9. सूचना पट

प्रत्येक कार्यालय में कार्यालय के विषयों पर अपने कर्मचारियों से अंतःसम्पर्क करने की एक प्रणाली होती है। परिपत्र (circulars) और ज्ञापन (memos) किसी भी कर्मचारी के जीवन के अनिवार्य अंग होते हैं जो उसके काम, कल्याण, कार्यकलाप और नीतियों में परिवर्तन से सम्बन्धित होते हैं। इन्हें प्रत्येक व्यक्ति के लिए परिचालित करने के अलावा, सूचना पटों पर भी प्रदर्शित किया जाना चाहिए। मीडिया में कर्मचारियों/स्टाफ द्वारा प्राप्त उपलब्धि के सम्बन्ध में भी समाचार को सूचना पटों पर दिखाया जाना चाहिए।

बुलेटिन बोर्ड गैर-सरकारी सूचना और कार्पोरेट आसूचना (corporate intelligence) के लिए केंद्र के रूप में काम करते हैं। कर्मचारी वहाँ लगी सूचनाओं (नोटिस) के आधार पर अपने-अपने विचारों का आदान-प्रदान करते हैं। अनेक संगठन यूनियनों/एसोसिएशनों के लिए अलग-अलग सूचना पट प्रदान करते है। स्वस्थ नियोक्ता-कर्मचारी सम्बन्धों के लिए, विशेषकर औद्योगिक अशांति के समय इन स्थानों से सूचनाएँ एकत्र की जा सकती हैं।

10. प्रबंधन द्वारा दौरा

वे कंपनियाँ जिनके पास विभिन्न स्थलों पर अपनी परियोजनाएँ हैं, उन्हें अपने विभिन्न यूनिटों के मुख्यालय के दौरे से प्रबंधनों को सुनिश्चित करना जरूरी है और इन कंपनियों को कर्मचारियों से बात करनी चाहिए ताकि उनमें दूरी की भावना न हो। इसी प्रकार यह भी सुनिश्चित किया जाना चाहिए कि इकाई से बहुत सारे कर्मचारियों के कामकाज को देखने के लिए भी मुख्यालय का दौरा करना चाहिए ताकि संचार में अंतराल से बचा जा सके।

11. क्लब और सोसाइटियाँ

बंधुता (भाईचारे) को प्रोत्साहित करने के लिए और सरकारी पदानुक्रमों को कम करने के लिए, यह जरूरी है कि कर्मचारी सामाजीकरण करें (आपस में मिले-जुलें) और वे खेलकूद, क्लबों, साहित्यिक समितियों आदि के माध्यम से अपने साझा हित का आदान-प्रदान करें। इससे प्रबंधकों और कामगारों अथवा एक-दूसरे के बीच मानव के रूप में निजी सम्बन्ध और सम्मान सृजित करने में सहायता मिलती है।

12. जन संबोधन प्रणाली (Public Address System)

इसे तत्काल संचार (instant communication) के लिए एक अत्यंत महत्त्वपूर्ण माध्यम समझा जाता है। नियंत्रण कक्ष में कोई भी संदेश प्रसारित किया जा सकता है और लंच समय के दौरान धीमा तथा मधुर संगीत बजाया जा सकता है।

13. वर्च्युअल अथवा आभासी कर्मचारी

इंटरनेट कार्यालयों का अभ्युदय एक सम्भावना है। वर्च्युअल कर्मचारी जो इंटरनेट के द्वारा कार्यालय में संप्रेषण करते है, वे अब घर पर रहते हुए इंटरनेट संचार के लिए एक नया आयाम प्रस्तुत कर सकेंगे। हो सकता है 'कार्पोरेट मुख्यालय', मौजूद न रहे तथा आभांसी रोजगार चालू हो जाए। मुख्य कार्यालय प्रमुख वरिष्ठ (head senior) होगा और आपका कर्मचारी एटलांटिक अथवा प्रशांत महासागर के पार से कार्य करेगा न कि आस पास।

14. प्रतिपुष्टि (Feedback)

जनसम्पर्क विभाग में प्रेस कतरनों (press clippings) का संकलन बहुत ही महत्त्वपूर्ण कार्य है क्योंकि यह प्रबंधन की आंख और कान होता है।

कुछ विभागों में जनसम्पर्क स्टाफ मुख्य कार्यकारी अधिकारी को समाचार और विज्ञापन की कतरनें भेजता है जबकि अन्य बाहरी एजेंसियाँ साप्ताहिक अथवा दैनिक आधार पर संगठन से सम्बन्धित कतरनें प्रदान करने का कार्य करती हैं।

कतरनों का संकलन अच्छा कार्य दर्शाने का एक साधन है जिसे जनसम्पर्क विभाग करता है और समाचारपत्र द्वारा प्रस्तुत की जा रही किसी गलत सूचना अथवा उसे तोड़-मरोड़ कर प्रस्तुत करने पर तुरंत प्रतिक्रिया व्यक्त करता है। इसका खंडन प्रेस विज्ञप्ति अथवा प्रेस ब्रीफिंग द्वारा किया जा सकता है।

यदि रिपोर्ट ठीक लिखी जाती है तो व्यक्ति को लेखक के सम्बन्ध में लिखने अथवा उसकी प्रशंसा करने में नहीं हिचकिचाना चाहिए। किसी भी रिपोर्ट के लिखने का एक महत्त्वपूर्ण कारण यह है कि लेखक चाहता है कि जो कुछ उसने लिखा है उसे पढ़ा जाए। अतः उसे बताइए कि आपने उसका लेख पढ़ा है। यह विभाग के लिए आश्चर्यजनक परिणाम लाएगा।

15. मुद्रण प्रक्रियाएँ (Printing Processes)

किसी भी जनसम्पर्क कर्मी को बहुत अधिक मुद्रण कार्य करना पड़ता है जिसमें न्यूज़लैटर, ब्रोशर, पैम्फलेट, वार्षिक रिपोर्ट, पोस्टर और अन्य साहित्य शामिल होता है। अतः मुद्रण का बुनियादी ज्ञान होना अत्यंत जरूरी है।

आफसैट लिथोग्राफी

आफसैट लिथोग्राफी का मूल सिद्धांत यह है कि स्याही और पानी आपस में नहीं मिलते। जब प्लेटें खुलती हैं तो उनमें स्याही लगा क्षेत्र छवि अथवा बिंब (image) के लिए सक्रिय हो जाता है। प्लेट के लिए पानी का प्रयोग किया जाता है और यह

गैर-मुद्रण क्षेत्रों में चिपक जाती है तथा स्याही छवि क्षेत्रों में चिपक जाती है। छवि को प्लेट से ब्लैंकेट (blanket) तक अंतरित किया जाता है जो बाद में कागज पर मुद्रित हो जाती है। सापेक्षरूप से दृश्य पर नई चीज जो आती है वह बिना पानी का आफसैट होता है जिसके लिए विशेष प्लेटों और स्याही की शीतन प्रणालियों (cooling systems) की जरूरत पड़ती है।

डिजीटल मुद्रण (Digital Printing)

बिना किसी तात्कलिक अवस्था के जब कोई इलेक्ट्रानिक फाइल सीधे तैयार होती है तब इस प्रक्रिया को डिजीटल मुद्रण कहते हैं। डिजीटल रंग की प्रेसों में इलेक्ट्रोफोटोग्राफी और टोनरों के साथ मुद्रण अथवा विशेष स्याहियों का प्रयोग किया जाता है और उनमें से सभी छवियाँ और पाठ (text) प्रत्येक कागज पर मुद्रित हो जाते हैं जिन्हें सामान्यतौर पर चर आकड़ा (variable data) मुद्रण के नाम से जाना जाता है। अन्य उत्पादन प्रक्रिया और छवि निर्माण तब होता है जब प्लेट की विशेष लिथोग्राफिक प्रेस पर छवि (चित्र) ली जाती है।

अक्षर मुद्रण (लैटर प्रेस)

पहले इसका प्रयोग मानक मुद्रण प्रक्रियाओं के लिए किया जाता था, लेकिन अब इसका प्रयोग विशेषज्ञता के कार्यों जैसे संख्या लिखने, मुद्रित करने, डाई काटने, ठप्पा लगाने (stamping) के लिए किया जाता है। अक्षर मुद्रण का प्रयोग अब भी ललित कला मुद्रणों (fine arts prints), सीमित संस्करण की पुस्तकों और पोस्टरों में किया जाता है। बिंब क्षेत्र (image area) को गैर मुद्रण क्षेत्रों के तल (surface) से ऊपर उठाया जाता है और कागज पर सीधे छाप आ जाती है।

फ्लेक्सोग्राफी (Flexography)

इसे प्रायः फ्लेक्सो भी कहा जाता है। यह वह प्रक्रिया है जिसमें उत्कीर्ण चित्र बहुलक (etched photopolymer) का प्रयोग होता है। इसमें उभरे हुए तल पर अक्षर मुद्रण की तरह छवि (बिंब) होती है जो अधःस्तर अथवा आधार (substrate) पर सीधे छपती है। इस प्रक्रिया के सभी भागों के अंदर रोलों में जिसमें पेपर, फिल्म्स, बाक्स बोर्ड और अखबारी कागज शामिल है, किसी भी अधःस्तर (substrate) के फ्लेक्सो को बहुत ही अनुकूल बना देता है। इसका सामान्य प्रयोग लेबलों, टेगों, लिफाफों, डिब्बों (कार्टनों) और समाचारपत्रों के लिए होता है।

ग्रेव्यूर (नक्काशी)

इस प्रक्रिया में सभी बिंब जिसमें टाइप भी शामिल है, छोटे-छोटे कोष्ठों (cells) द्वारा

खींचे जाते हैं जो बेलनों (cylinders) में उत्कीर्ण किए जाते हैं। ये कोष्ठ गहराई और चौड़ाई में अलग-अलग होते हैं और गैर-मुद्रण क्षेत्र के नीचे होते हैं। बेलन स्याही के घोल के माध्यम से घूमता है और गैर-मुद्रण क्षेत्र अधःस्तर पर बिंब को सीधे आने से पहले ही डाक्टर ब्लेड (doctor blade) द्वारा साफ कर दिया जाता है। ग्रेव्यूर का प्रयोग लंबी अवधि के लिए होता है जिसमें प्रकाशन और पैकेजिंग शामिल है।

स्क्रीन प्रिंटिंग

पहले इसे सिल्क स्क्रीन भी कहा जाता था। सामान्यतौर पर इसका प्रयोग थोड़े समय/छोटे कार्यों के लिए होता है परंतु आधुनिक स्वचालित उपकरणों ने क्षमता को बढ़ा दिया है। इस प्रक्रिया में स्याही की मोटी फिल्म का प्रयोग किया जाता है। यह चमकीले रंगों और फलोरिसेंट स्याही के लिए आदर्श है और इसमें जमा किए जाने के लिए पर्याप्त रंजक अथवा रंग द्रव्य (pigment) की जरूरत पड़ती है। बिंब कपड़े अथवा बारीक मैश तार (fine mesh wire) पर ले जाया (रखा) जाता है तथा अधःस्तर तक दबाव द्वारा बिंब रंजक अथवा अन्य द्रव्य क्षेत्रों के माध्यम से आगे हो जाता है। कुछ स्क्रीन प्रेसें बिक्री प्रदर्शन और प्रदर्शनियों, इश्तहारों तथा आयामी वस्तुओं जैसे कांच का सामान और डिब्बों, बर्तनों आदि के लिए लगभग किसी भी सामग्री पर बड़ी-बड़ी छवियाँ मुद्रित कर सकती हैं।

थर्मोग्राफी

इस प्रक्रिया में गीली स्याही पर एक रेजिन जमा होता है जो इसे गरम करता है। इससे एक उठी हुई (उभरी हुई) छवि बनती है।

स्टील डाई नक्काशी (Steel Die Engraving)

इसका प्रयोग प्रतिभूतियों (securities), मुद्रा और अच्छी लेखनसामग्री के लिए किया जाता है। छवि को कागज पर सीधे लगाया जाता है और प्लेट के तल पर नीचे रखा जाता है जिसे डाई (सांचा) कहते हैं। गैर-मुद्रण क्षेत्र को पोंछकर साफ कर दिया जाता है। हाथ से बनी दूसरी डाई पहले अधःस्तर को डाई में धकेल देती है जिससे शीट के पीछे संकेतक अथवा अलग छाप बन जाती है और आगें की ओर एक ऊभरी छवि आ जाती है।

* *

प्रेस कानून

ऐसे अनेक नियम हैं जो प्रेस को प्रभावित करते हैं। इस सम्बन्ध में सबसे पुराना मौजूद अधिनियम प्रेस एवं पुस्तक पंजीकरण अधिनियम है।

1. प्रेस एवं पुस्तक पंजीकरण अधिनियम

यद्यपि किसी भी समाचारपत्र को आरंभ करने और चलाने के लिए किसी लाइसेंस अथवा अनुमति की आवश्यकता नहीं पड़ती है परंतु कोई भी पत्र इस अधिनियम के उपबंधों का अनुपालन किए बगैर प्रकाशित नहीं किया जा सकता। समाचारपत्र प्रकाशित होने से पहले सबडिवीज़नल मजिस्ट्रेट के समक्ष निर्धारित ढंग से घोषणा की जाती है और उसके द्वारा प्रमाणपत्र प्रदान किया जाना जरूरी होता है। साथ ही साथ, कोई भी मुद्रणालय (printing press) प्रासंगिक घोषणा किए बगैर स्थापित नहीं किया जा सकता है।

अधिनियम में अपेक्षा की गई है कि मुद्रक का नाम, मुद्रण का स्थान और प्रकाशक का नाम तथा प्रकाशन का स्थान भारत में प्रकाशित होने वाली प्रत्येक पुस्तक अथवा समाचारपत्र पर स्पष्ट रूप से अवश्य छपा होना चाहिए।

2. सरकारी गोपनीयता अधिनियम (Official Secrets Act)

सरकारी गोपनीयता अधिनियम, 1923 (Official Secrets Act, 1923), सरकारी गोपनीयता से सम्बन्धित विस्तृत दस्तावेज़ है और अनेक अपराधों को परिभाषित करता है। इस अधिनियम का उद्देश्य गुप्त सूचना, तोड़फोड़ आदि के रहस्योद्घाटन के विरुद्ध राज्य की सुरक्षा की निगरानी करना है।

व्यापक रूप से इसके दो भाग हैं–एक भाग शत्रु की गुप्तचरी (spying) से सम्बन्धित है और दूसरा भाग किसी अन्य गुप्त सरकारी कोड अथवा पासवर्ड या किसी चित्र, योजना, मॉडल, लेख, नोट, प्रलेख अथवा सूचना के अनधिकृत संप्रेषण (unauthorized communication) से सम्बन्धित है।

अरूण शौरी जिन्हें उनकी अन्वेषणात्मक रिपोर्टिंग के लिए दूर-दूर तक जाना

जाता है, उनके अनुसार संवाददाता प्रायः बहुत सक्रिय नहीं होते। वे इस अधिनियम का प्रयोग अपनी निष्क्रियता को बचाने के लिए करते हैं। ये अधिनियम वास्तव में प्रेस की सहायता करते हैं।

दूसरा विचार यह है कि इस अधिनियम की मौजूदगी का अन्वेषात्मक रिपोर्टिंग पर व्यापक प्रभाव है। फिर भी संवाददाता और समाचारपत्रों के विरुद्ध बहुत ज्यादा अभियोग (मुकदमे) आरंभ नहीं किए गए हैं।

3. न्यायालय अवमानना अधिनियम (Contempt of Court Act)

न्यायालय अवमानना अधिनियम, 1971 की धारा 2 के अनुसार अवमानना दो प्रकार की होती है-सिविल अवमानना और दंड अवमानना (criminal contempt)।

सिविल अवमानना का अर्थ अवज्ञा है। न्यायालय के किसी निर्णय, डिगरी (decree), निदेश, आदेश, रिट अथवा किसी प्रक्रिया की अवज्ञा है अथवा न्यायालय को दिए गए किसी वचन को जानबूझकर भंग करना है।

दंड अवमानना का अर्थ किसी भी मामले के प्रकाशन अथवा किसी कृत्य के करने से है जो न्यायालय के प्राधिकार को कम करता है अथवा किसी न्यायिक कार्यवाही के उचित मार्ग के साथ हस्तक्षेप करता है अथवा किसी भी प्रकार से न्याय के प्रशासन (न्याय दिलाने) में बाधा पहुँचाता है।

4. भारतीय प्रेस परिषद (Press Council of India)

यह एक सांविधिक निकाय है, न कि स्वैच्छिक संगठन जैसा कि ब्रिटेन और अन्य राष्ट्रमंडल देशों में है। इसमें 28 सदस्य होते हैं और इसका प्रमुख (Head) अध्यक्ष होता है। प्रतिनिधिक निकाय को किसी भी संपादक अथवा पत्रकार को चेतावनी देने, उसकी भर्त्सना करने अथवा निंदा करने का अधिकार है जो पत्रकारिता के नैतिक सिद्धांतों अथवा जनरुचि के मानकों का निरादर करता है। इसके पास सिविल न्यायालय की शक्तियाँ होती हैं और इसलिए यह गवाहों को बुलाता है, दस्तावेजों का निरीक्षण करता है और साक्ष्य प्राप्त करता है तथा अपमान लेख (libel) के कानूनों, अश्लीलता और अवमानना से सम्बन्धित मामलों तथा एकांतता (privacy) पर आक्रमण को भी यह न्याय-निर्णय के लिए अपने हाथ में ले सकता है। यह समाचारपत्रों और पत्रकारों के विरुद्ध दर्ज हर वर्ष लगभग 500 मामले निपटाता है।

परिषद ने जून, 1980 में केंद्रीय सरकार को प्रेस परिषद अधिनियम, 1978 में संशोधन करने की आवश्यकता की सिफारिश की ताकि दोषी समाचारपत्र के विरुद्ध दांडिक कार्रवाई (penal action) करने के लिए इसे अधिकार प्रदान किया जा सके। इस अधिनियम के अंतर्गत पत्रकारिता के नैतिक सिद्धांतों के उल्लंघन के

लिए अभियोग चलाया जाता है अथवा उनकी निंदा की जाती है। समाचारपत्रों के विरुद्ध जिस कार्रवाई का सुझाव दिया गया, वह केंद्रीय और राज्य सरकार के विज्ञापनों पर रोक और संपादकों तथा पत्रकारों के विरुद्ध प्रत्यायन अथवा मान्यता (accreditation) सुविधाएँ वापस लेना था। दूसरे प्रेस आयोग ने प्रेस परिषद को जुर्माना लगाने की शक्ति प्रदान करने की सिफारिश की परंतु संपादक संघ (गिल्ड) ने इस कदम को स्वीकार नहीं किया।

नीचे दिया गया मामला स्वतः स्पष्ट है :

केस-11

समय का संकेत

लेखक : रवींद्र कुमार

प्रकाशन : स्टेट्समैन

दिनांक : 30 सितंबर, 2001

प्रस्तावना : दो समाचारपत्रों के विरुद्ध शिकायत ने जन नैतिकता, प्रेस के आचरण और भारतीय प्रेस परिषद की सक्षमता पर गंभीर प्रश्न उठाए।

भारतीय प्रेस परिषद के हाल ही के आदेश ने परिषद की सक्षमता और देश के दो सबसे बड़े समाचारपत्रों की कार्यप्रणाली पर गंभीर प्रश्न उठाए। परिषद के अधिकांश आदेशों की तरह इस एक आदेश की भी बहुत अधिक उपेक्षा की गई। परंतु यह ऐसे मुद्दे उठाता है जो उकसानेवाले हैं।

भारतीय कंपनी सचिव संस्थान की निदेशक (जनसम्पर्क एवं स्थापन) शिकायतकर्ता डॉ. अमिता आहूजा को दो समाचारपत्रों का आचरण आपत्तिजनक लगा। ये समाचारपत्र टाइम्स आफ इंडिया और हिंदुस्तान टाइम्स थे। डॉ. आहूजा ने इन समाचारपत्रों पर उनके परिशिष्टों "दिल्ली टाइम्स" और "एच.टी.सिटी" में अश्लील चित्रों को प्रकाशित करने का आरोप लगाया।

उनका आरोप था कि "दिल्ली टाइम्स" "महिला की एकांतता में हस्तक्षेप करता है" और दिन प्रतिदिन उसके शरीर की बनावट का पता लगाता है। उनका यह भी आरोप था कि "एच.टी. सिटी" महिला फैशन माडलों, फिल्म नायिकाओं और किशोरियों के अशोभनीय कामुक चित्रों को निरर्थकरूप से प्रदर्शित करके कड़ा मुकाबला दे रहा है जो पूरी तरह से हॉलीवुड और बॉलीवुड की नग्नता पर आश्रित है।

डॉ. आहूजा ने आगे कहा कि इन परिशिष्टों में देर रात चलनेवाले डिस्को, महिला और पुरुषों का स्वतन्त्र मिलना-जुलना, अपर्याप्त कपड़ों में किशोरियाँ, सेक्सी कूल्हों, नाभियों को प्रदर्शित करना, कामुक वस्त्र, कामोत्तेजक छोटी मिनी और शरीर से चिपके बस्टीयर्स शामिल होते हैं।

उनकी शिकायत थी कि ऐसे प्रकाशनों ने स्कूलों और कालेजों को शिक्षा मंदिरों के बजाए फैशन ग्राउंड में बदल दिया, युवाओं को गलत संकेत भेजा और बालकों और किशोरों पर एक खतरनाक प्रभाव छोड़ा है। उन्होंने परिषद से कहा कि वह यह नेर्णय करे कि क्या ऐसा प्रकाशन महिलाओं के प्रति सम्मान पैदा कर सकेगा? इन्होंने परिषद से यह भी जांच करने के लिए कहा कि क्या समाचारपत्र महिला अशोभनीय निरूपण (प्रतिपेध) अधिनियम [(Indecent Representation of Women (Prohibition) Act] और अश्लीलता सम्बन्धी कानूनों की उपेक्षा कर रहे हैं? इसमें दो राय नहीं हैं कि शिकायतकर्ता ने सार्वजनिक नैतिकता और प्रेस के आचरण पर गंभीर प्रश्न उठाए। अधिक महत्त्वपूर्ण प्रश्न यह है और हो सकता है कि भारतीय प्रेस परिषद, जो संसद के अधिनियम के अंतर्गत निर्मित निकाय है, उसे इन प्रश्नों पर इस ढंग से निर्णय देने चाहिए कि ठोस परिवर्तन किया जा सके।

परिषद ने दोनों समाचारपत्रों के संपादकों को "कारण बताओ" नोटिस जारी किए। हिंदुस्तान टाइम्स ने नोटिस की उपेक्षा की। टाइम्स आफ इंडिया ने इसकी उपेक्षा नहीं की। इसके बजाए, इसने एक लिखित वक्तव्य में पर्याप्त बचाव किया।

- कि जो फोटोग्राफ (चित्र) प्रकाशित हुए थे, वे किसी तरह से अश्लील अथवा अशोभनीय नहीं थे और महिलाओं के निजी अंग ठीक ढंग से ढके हुए थे। इनमें से कोई भारतीय पेनल कोड की धारा 292 और महिला अशोभनीय निरूपण (प्रतिषेध) अधिनियम 1986 की धारा 3(7) की परिभाषा में नहीं आता।
- कि विश्व तेजी से दौड़ रहा है और लोगों की रुचियों और दृष्टिकोणों में बुनियादी परिवर्तन हो रहे हैं तथा समाचारपत्रों को इन परिवर्तनों के साथ गति बनाए रखनी है।
- कि समाचारपत्र ने डॉ. आहूजा द्वारा अपनी शिकायत में दिए गए वक्तव्यों के प्रति गंभीर आपत्ति उठाई और कहा कि यदि वह अपनी शिकायत वापस नहीं लेंगी और टाइम्स ऑफ इंडिया समूह से लिखित में बिना शर्त क्षमा नहीं माँगेंगी तो उनके विरुद्ध अवमानना के लिए सिविल और दांडिक कार्रवाई (criminal action) की जाएगी।

परिषद की जाँच समिति ने जुलाई, 2001 में मामले की सुनवाई की। शिकायतकर्ता स्वयं हाजिर हुई। दोनों समाचारपत्रों से कोई नहीं आया।

मामले पर सुनवाई के बाद, समिति का मानना था कि जिन अधिकांश चित्रों के बारे में शिकायत की गई थी वे अश्लील और महिलाओं के प्रति अपमानजनक और बिल्कुल अच्छे नहीं थे। समिति का मानना था कि ऐसे चित्र किशोरों को भी परेशान करते हैं और युवाओं के मस्तिष्कों को प्रदूषित करते हैं। लेकिन इतना ही नहीं था।

समिति ने माना कि "महिलाओं के प्रति स्पष्ट हिंसा और महिलाओं की

गरिमा पर अत्यधिक आक्रमण होने के अतिरिक्त, इसने (प्रकाशन) महिलाओं के विरुद्ध अपराध के लिए पर्याप्त भड़कानेवाली सामग्री भी प्रदान की है।''

इसने और आगे कहा कि समाज का ऐसे कामुक और अश्लील विचारों के प्रति रूझान हो गया है तथा परिणाम यह है कि महिलाओं पर, यहाँ तक कि छोटी आयु के बच्चों पर सभी प्रकार के आपराधिक आक्रमण होते हैं जिनमें बलात्कार और हत्या भी शामिल है। टाइम्स ऑफ इंडिया के तर्क को अस्वीकार करते हुए कि समाचारपत्र पीछे नहीं रह सकते जबकि शेष विश्व आगे बढ़ रहा है, समिति ने कहा कि टाइम्स आफ इंडिया और हिन्दुस्तान टाइम्स दोनों के प्रबंधन की प्रमुख महिलाएँ हैं, फिर भी यह हाल है।

समिति ने चित्रों के अनैतिक और गैर कानूनी प्रकाशन पर बहुत अधिक नाराजगी व्यक्त की तथा परिषद से प्रतिवादी (respondent) समाचारपत्रों की निंदा करने की सिफारिश की। इसने टाइम्स आफ इंडिया द्वारा शिकायतकर्ता को धमकाने के प्रयास पर भी चिंता व्यक्त की और इसे विरोध समाप्त करने का एक प्रयास बताया। इसने राष्ट्रीय महिला आयोग और राज्य महिला आयोगों से मीडिया की इस प्रकार की प्रवृत्तियों पर नियंत्रण रखने के लिए उपयुक्त कदम उठाने के लिए कहा।

पिछले महीने परिषद ने जाँच समिति के कारणों और निष्कर्षों को पूर्णरूप से स्वीकार कर लिया। संक्षेप में, दोनों समाचारपत्रों की निंदा की गई।

वास्तव में, यह एक बड़ा समाचार है। परंतु इसके बारे में कोई भी प्रतिक्रिया व्यक्त नहीं की गई है, यहाँ तक कि दबंग और हमेशा नैतिकता की दुहाई देने वाली सूचना और प्रसारण मंत्री श्रीमती सुषमा स्वराज जो परिषद के क्रियाकलापों की प्रभारी थीं, चुप रहीं।

प्रेस परिषद ने इतना कुछ किया और व्यापकरूप से सर्वाधिक परिचालित समाचारपत्रों की निंदा करके साहस का काम किया। यहाँ तक कि इसने प्रकाशन और महिलाओं तथा युवतियों के विरुद्ध अपराध के विस्तार के बीच कड़ी का पता लगाया। प्रथम दृष्ट्या, परिषद के निष्कर्ष दोनों समाचारपत्रों पर अभियोजन चलाने (कानूनी कार्रवाई करने) के लिए आधार प्रदान करते हैं। अपराध के लिए प्रेरित करना, अश्लील साहित्य छापना और सार्वजनिक नैतिकता के सम्बन्ध में कानूनों का अपमान बहुत अधिक 'तहलका' मचाता है। तब यह बिल्कुल चुप्पी क्यों है? क्या भारतीय प्रेस परिषद को पर्याप्त गंभीरता से नहीं लिया जा रहा है? और यदि ऐसा नहीं है तो, दोष किसे दिया जाए? केवल प्रेस दोषी (गुमराह करने वाली) है? अथवा परिषद भी दोषी है?

प्रेस परिषद के लिए कई परिस्थितियाँ ऐसी हैं जिनके लिए उसे सम्मान से देखा जाना चाहिए। इसमें उच्चतम सत्यनिष्ठा के व्यक्ति होने के साथ-साथ ऐसे

व्यक्ति होना भी जरूरी है जो मानक निर्धारित करने और उन्हें बरकरार रखने के लिए जाने जाते हों। वे प्रेस में मानकों के तटस्थ आकलन में सक्षम होने चाहिए। वे निष्पक्ष हों और साथ ही निष्पक्ष दिखाई देने भी चाहिए। उनकी राय को इतना महत्त्व मिले कि उन्हें सुना जाए चाहे उनके शब्द किसी को भी आहत करें।

प्रेस परिषद की अध्यक्षता प्रतिष्ठित विधिवेत्ताओं ने की है, इसके कुछ दूसरे सदस्य भरोसे के लायक नहीं हैं और कोटा प्रणाली से भी आए हैं जो गुणवत्ता को बलिवेदी पर न्यौछावर कर देते हैं।

कम से कम कहा जा सकता है कि परिषद द्वारा पालन की जानेवाली कुछ प्रक्रियाएँ अव्यावहारिक हैं और ऐसी भूल-चूक शामिल हैं जैसे तथ्यों पर विचार किए बिना नोटिस जारी करना जोकि प्रायः तब होता है जब शिकायतकर्ता को परिषद से उत्तर देने का अधिकार उस समाचारपत्र से पहले प्राप्त करना चाहिए जिससे वह पीड़ित होता है। इस प्रकार परिषद अपने आपको समाचारपत्रों द्वारा उपेक्षित रहने की स्थिति में पाती है जबकि इसके पास यह अधिकार है कि यह समाचारपत्र से समाचार को इस ढंग से प्रकाशित करने की अपेक्षा करे जो जांच से सम्बन्धित किसी भी ब्यौरों को उचित समझे। ऐसा कभी-कभी ही किया जाता है। रिकार्ड से प्रतीत होता है कि परिषद ने टाइम्स ऑफ इंडिया और हिंदुस्तान टाइम्स के मामले में ऐसा नहीं किया।

यद्यपि डॉ. आहूजा के मामले से प्रेस को सबक सीखना है, फिर भी परिषद को भी कड़ाई से दिए गए अपने आदेश के प्रति प्रतिक्रिया की कमी से भी सबक लेने हैं। अश्लील साहित्य क्या है, यह भी राय का एक विषय हो सकता है परंतु इसकी इतनी व्यक्तिपरक व्याख्या भी नहीं होनी चाहिए जैसी इस मामले में हुई।

(लेखक "स्टेट्समैन" के प्रबंध संपादक हैं)

5. कामकाजी पत्रकार अधिनियम (Working Journalists Act)

कामकाजी पत्रकार और अन्य समाचारपत्र कर्मचारी (सेवा की शर्तें) और प्रकीर्ण उपबंध अधिनियम, 1955 समाचार उद्योग में नियुक्त लोगों की सेवा शर्तों को नियंत्रित करने का एक कल्याणकारी उपाय है।

इसके उपबंध सेवानिवृत्ति, उपदान (gratuity) के भुगतान, काम के घंटों, छुट्टियों, वेतन की दरों के संशोधन के निर्धारण, वेतन निर्धारण तंत्र अर्थात वेतन बोर्डों और वेतन अधिकरणों (wage tribunals), कर्मचारी भविष्य निधि और नियोक्ता (employer) से मिलने वाले धन की वसूली से मुख्य रूप से सम्बन्धित हैं।

6. प्रतिलिप्यधिकार अधिनियम, 1957 (Copyright Act, 1957)

साहित्य, नाटक अथवा संगीत का कार्य बौद्धिक संपदा (intellectual property)

होता है। इसे गैर-कानूनी नकल अथवा पुनः प्रस्तुतीकरण से बचाया जाना चाहिए। यह अधिनियम यह सुरक्षा प्रदान करता है। कानून दो प्रतिस्पर्धी विचारों पर आधारित हैं। यह सर्जक (creator) की संपदा अर्थात मूल रचनाएँ होती हैं जिन्हें बचाए जाने की आवश्यकता है। दूसरे, समाज के हित में ज्ञान के उत्थान के लिए अन्य लोगों की प्रतिलिप्यधिकार प्राप्त रचनाओं के भागों को प्रस्तुत करने की कुछ स्वतन्त्रता होनी चाहिए। प्रतिलिप्यधिकार को एक ऐसा अधिकार माना गया है जिसे व्यक्ति किसी कार्य (रचना) में प्राप्त करता है जो उसके बौद्धिक श्रम का परिणाम होता है।

प्रेस के सम्बन्ध में, प्रतिलिप्यधिकार का अर्थ नाटक अथवा संगीत कार्य को करने के मामले में विशेष अधिकार से है और यह निम्नलिखित में से कोई भी कार्य पर्याप्तरूप में करने का अधिकार प्रदान करता है :

1. रचना (कार्य) को किसी सामग्री (ठोस) रूप में पुनः प्रस्तुत करना।
2. रचना को प्रकाशित करना।
3. किसी रचना का अंगीकरण (adoption) करना।
4. किसी रचना का पुनः प्रस्तुतीकरण करना अथवा अनुवाद प्रकाशित करना।

7. मानहानि संबंधी कानून (Law of Defamation)

मानहानि सम्बन्धी दंड कानून भारतीय दंड संहिता (India Penal Code) की धारा 499 से 502 में वर्णित है और अत्यंत विस्तृत है।

यह दो प्रकार का है-मौखिक और लिखित। मौखिक मानहानि को अपमानवचन (slander) कहा जाता है जबकि लिखित मानहानि को अपमान-लेख (libel) कहा जाता है।

यदि मानहानि बोले गए शब्दों की है तो कोई सिविल कार्रवाई नहीं की जाती है। चूँकि प्रेस एक लिखित और मुद्रित माध्यम है, इसलिए इसके द्वारा केवल अपमान-लेख के अपराध पर टिप्पणी करने की संभावना होती है। मानहानि के लिए सिविल मुकदमा (civil suit) और दांडिक कार्यवाही के बीच मुख्य अंतर क्षतिपूर्ति (मुआवजे) से सम्बन्धित है जबकि सिविल कार्रवाई का उद्देश्य प्रतिष्ठा में कमी (हानि) के लिए अवमानित (defamed) व्यक्तियों को क्षतिपूर्ति द्वारा पर्याप्त मुआवजा देना है। दांडिक अभियोजन (criminal prosecution) का उद्देश्य कारावास अथवा जुर्माना या दोनों के द्वारा अपराधी को दंडित करना है।

8. सूचना का अधिकार अधिनियम (Right to Information Act)

बहुचर्चित सूचना का अधिकार अधिनियम वर्ष 2005 में अस्तित्व में आया।

केंद्र सरकार का कहना है कि यह अधिनियम क्रांतिकारी है क्योंकि इसने

सार्वजनिक छानबीन (public scrutiny) के लिए पूरे देश में सभी सरकारी विभागों को खोल दिया है। सरकार का यह भी दावा है कि यह सत्ता में सर्वाधिक विनम्र लोगों को सांझेदारी देगा और कमजोरों को शक्तिशाली बनाएगा। यह एक नया कानून है जिसे भारत की सरकार ने बनाया है। यह प्रत्येक नागरिक को किसी भी सरकारी विभाग से सूचना प्राप्त करने के लिए मौलिक अधिकार प्रदान करता है। अधिनियम का उद्देश्य शासन में खुलापन, पारदर्शिता और जवावदेही को प्रोत्साहित करना है।

अधिनियम के अनुसार सूचना में रिकार्ड, प्रलेख (दस्तावेज), फाइलों की टिप्पणियाँ, ज्ञापन, ई-मेल, राय, सलाह, प्रेस विज्ञप्तियाँ, परिपत्र, आदेश, लागबुक, संविदाएँ (contracts), रिपोर्ट, कागजात, नमूने (माडल), आंकड़े और ऐसी सामग्री शामिल है जो किसी इलेक्ट्रानिक अथवा मुद्रित रूप में सुरक्षित है।

सूचना किसी भी सच्चे लोकतंत्र के संचालन के लिए आवश्यक है। जानने का अधिकार, बुनियादी अधिकारों जैसे भाषण एवं अभिव्यक्ति की स्वतन्त्रता तथा शिक्षा के अधिकार के साथ निकटरूप से जुड़ा है। भारत जैसे देश में जहाँ तक सम्भव हो, सबसे तेज और सबसे सरल रूप में लोगों को सूचना उपलब्ध कराए जाने की जरूरत है।

अधिनियम के समर्थकों का मानना है कि सरकार से सूचना का स्वतन्त्र प्रवाह न केवल जागरूक और जानकार जनमत सृजित करेगा बल्कि प्राधिकारियों को भी जवाबदेह बनाएगा।

पूर्व महान्यायवादी (Attorney General) सोली सोराबजी के अनुसार, "पारदर्शिता की कमी होना सभी प्रकार के व्यापक भ्रष्टाचार का एक प्रमुख कारण था परंतु सूचना के अधिकार से खुलापन, जवाबदेही और सत्यनिष्ठा उत्पन्न होगी।

लालफीताशाही (red tapisim) और असंवेदनशील नौकरशाही सरकार से सूचना प्राप्त करने में प्रायः बाधाएँ पैदा करती रही हैं। प्रायः सरकारी गोपनीयता अधिनियम सूचना प्राप्त करनेवाले व्यक्तियों से बचने का उपाय ढूँढ़ेगा।

पिछले दशक में, आंदोलनकारी, अधिकार समूह और राजनेता इस प्रकार के कानून के लिए अभियान चलाते रहे हैं। विभिन्न आंदोलनकारी समूहों ने कानून की माँग करने के लिए सूचना के जन अधिकार के लिए राष्ट्रीय अभियान चलाया।

आंदोलनकर्ता अरूणा राय द्वारा चलाए गए अभियान ने 25 जुलाई, 2000 को लोकसभा में सूचना की स्वतन्त्रता सम्बन्धी विधेयक (Freedom of Information Bill) को पुरःस्थापित करने में सफलता प्राप्त की।

यह विधेयक वर्ष 2002 में सूचना का अधिकार अधिनियम के रूप में बना परंतु इसने जनता को सूचना के अधिकार से वंचित रखने के लिए प्रतिबंधात्मक उपबंधों (restrictive provisions) को अपने पास रखा।

* *

जनसंपर्क में कैरियर

जनसम्पर्क एक अलग कैरियर विकल्प के रूप में तब अस्तित्व में आया जब अनेक निजी और सरकारी कंपनियों तथा संस्थाओं ने अपने उत्पाद, सेवा और सुविधाओं को विपणन करने की आवश्यकता महसूस की। सभी संगठनों और प्रसिद्ध व्यक्तियों के लिए सार्वजनिक छवि महत्त्वपूर्ण होती है। जनसम्पर्क विशेषज्ञ की भूमिका संकट की स्थितियों में तब और भी आवश्यक हो जाती है जब सूचना का सही और समय पर प्रेषण, संस्था के चेहरे को बचाने में मदद करता है।

कैरियर अवसरों के संदर्भ में जनसम्पर्क का प्रयोग उत्पाद के प्रचार और कार्पोरेट प्रचार करने हेतु सरकार के साथ बेहतर सम्बन्ध बनाने और कार्पोरेट प्रकाशनों को प्रकाशित करने के लिए जैसे न्यूजलैटर, बुलेटिन, कर्मचारियों के लिए पत्रिकाएँ आदि हेतु व्यापक रूप से किया जाता है।

पात्रता : इस क्षेत्र में पाठ्यक्रम में प्रवेश लेने के लिए पत्रकारिता/जनसंचार में स्नातकोत्तर, डिप्लोमा सहित किसी भी विषय में, विशेषकर सामाजिक विज्ञानों, उदार कलाओं में स्नातक उपाधि होनी चाहिए।

रोजगार की संभावनाएँ और कैरियर विकल्प : जनसम्पर्क अधिकारी कार्पोरेट क्षेत्र, सार्वजनिक क्षेत्र, सरकारी एजेंसियों, पर्यटन एजेंसियों, होटलों, बैंकों और अन्य वित्तीय संस्थाओं, निजी परामर्शदाता प्रतिष्ठानों (consultancy firms) आदि में रोजगार प्राप्त कर सकते हैं।

पारिश्रमिक : कोई भी व्यक्ति 5000 रुपए से 10,000 रुपए प्रतिमाह के वेतन से अपने कैरियर की शुरूआत कर सकता है। यह इस बात पर निर्भर करता है कि वह किस प्रकार के संगठन में शामिल हुआ है।

विभिन्न शैक्षिक स्तरों पर पत्रकारिता/जनसंचार पाठ्यक्रम उपलब्ध करानेवाले भारतीय विश्वविद्यालयों की सूची

डिप्लोमा/स्नातक/स्नातकोत्तर/एम.फिल, पीएच.डी.

1. आंध्रप्रदेश

1. आंध्र विश्वविद्यालय, विशाखापटनम, आंध्रप्रदेश
   -एम.ए. (दोवर्षीय एकीकृत)

2. केन्द्रीय विश्वविद्यालय, हैदराबाद, आंध्रप्रदेश
 -एम.ए. (दोवर्षीय एकीकृत)
3. उस्मानिया विश्वविद्यालय कैम्पस, पत्रकारिता विभाग, हैदराबाद-500007
 -पत्रकारिता स्नातक (एकवर्षीय डिग्री कोर्स)
4. श्री पद्मावती महिला विश्वविद्यालय
 -एम.ए. (दोवर्षीय एकीकृत)
5. तेलुगु विश्वविद्यालय, हैदराबाद
 -एम.ए. (दोवर्षीय एकीकृत)

2. .असम

1. असम विश्वविद्यालय, सिल्चर
 -एम.ए. (दोवर्षीय एकीकृत)
2. गुवाहाटी विश्वविद्यालय, गुवाहाटी
 -बी.जे.एम.सी./एम.जे.एम.सी.

3. बिहार

1. बिहार विश्वविद्यालय, पटना-डिप्लोमा
2. मगध विश्वविद्यालय, गया-बी.जे.एम.सी.
3. रांची विश्वविद्यालय, रांची-बी.जे.एम.सी.

4. दिल्ली

1. भारतीय पत्रकारिता विद्यापीठ (इंडियन इंस्टीट्यूट आफ जर्नेलिज्म, ए-49, गुलमोहर पार्क, नई दिल्ली-49
 -(पत्रकारिता, जनसम्पर्क, सृजनात्मक लेखन, कार्टून, प्रेस फोटोग्राफी)
2. दिल्ली विश्वविद्यालय, दिल्ली
 -(चार संबंद्ध विश्वविद्यालयों में अंडरग्रेजुएट बी.ए. आनर्स, तीनवर्षीय पाठ्यक्रम)
3. इग्नू, नई दिल्ली
 -(दूर शिक्षा पद्धति) एकवर्षीय डिप्लोमा
4. इंडियन इंस्टीट्यूट आफ मास कम्यूनिकेशन, अरूणा आसफ अली मार्ग, जे.एन.यू. न्यू कैम्पस, नई दिल्ली-110 067
 -पत्रकारिता में स्नातकोत्तर डिप्लोमा
 -मीडिया ऑपरेशन में पुनश्चर्या पाठ्यक्रम
5. जामिया मिल्लिया इस्लामिया, दिल्ली
 -एम.ए. (दोवर्षीय एकीकृत)

6. जवाहरलाल नेहरू विश्वविद्यालय, नई दिल्ली
   -डिप्लोमा उर्दू (सांध्यकालीन)
7. सरदार पटेल कालेज आफ कम्यूनिकेशन एंड मैंनेजमेंट, भारतीय विद्या भवन, कस्तूरबा गांधी मार्ग, नई दिल्ली-110001

5. गुजरात

1. गुजरात विश्वविद्यालय, अहमदाबाद
   -एम.ए. (विकास संचार)
2. गुजरात विद्यापीठ, अहमदाबाद
   -डिप्लोमा
3. एम. एस. बड़ौदा विश्वविद्यालय, बड़ौदा
   -डिप्लोमा
4. दक्षिण गुजरात विश्वविद्यालय, राजकोट
   -एम.ए. (दोवर्षीय एकीकृत)

6. हरियाणा

1. गुरू जम्भेश्वर विश्वविद्यालय, हरियाणा
   -एम.जे.एम.सी.
2. कुरूक्षेत्र विश्वविद्यालय, कुरूक्षेत्र
   -पत्रकारिता में डिप्लोमा-एकवर्षीय
3. महर्षि दयानंद विश्वविद्यालय, रोहतक
   -बी.जे.एम.सी.

7. हिमाचल प्रदेश

1. हिमाचल प्रदेश विश्वविद्यालय, शिमला
   -बी.जे.एम.सी.

8. जम्मू एवं कश्मीर

1. कश्मीर विश्वविद्यालय, श्रीनगर
   -एम.ए. (दोवर्षीय एकीकृत)

9. कर्नाटक

1. बंगलौर विश्वविद्यालय, बंगलौर
   -बी.ए./एम.ए.
2. भवन्स कालेज आफ मास कम्यूनिकेशन, रेस कोर्स रोड, बंगलौर-560001

-जर्नेलिज्म मार्केटिंग एंड एडवरटाइजिंग बिज़नेस मैनेज़मेंट
-प्रिंटिंग

3. डिपार्टमेंट आफ पोस्टग्रैज्युएट स्टडीज एंड रिसर्च इन जर्नेलिज्म, मैसूर विश्वविद्यालय, मानस गंगोत्री, मैसूर-570006
-पत्रकारिता में एम.ए.
4. कनार्टक विश्वविद्यालय, धारवाड़
-एम.ए. (दोवर्षीय एकीकृत)
5. मंगलौर विश्वविद्यालय, मंगलौर
-बी.जे.एम.सी./एम.जे.एम.सी.

10. केरल

1. पत्रकारिता विभाग, केरल विश्वविद्यालय, करलावत्तम, त्रिवेंद्रम-695581
-पत्रकारिता में दोवर्षीय स्नातकोत्तर
2. इंस्टीट्यूट आफ जर्नेलिज्म, प्रेस क्लब, त्रिवेंद्रम-695007
-स्नातकोत्तर डिप्लोमा
3. कालीकट विश्वविद्यालय, केरल
-बी.जे./एम.जे.

11. मध्यप्रदेश

1. चंपादेवी जैन नाइट कालेज, रविशंकर विश्वविद्यालय, बायरन बाज़ार, राजपुर, मध्यप्रदेश-492001
2. पत्रकारिता विभाग, रानी दुर्गावती विश्वविद्यालय, 634, अपरायणगंज, जबलपुर-482002
-डी.जे./बी.जे.एम.सी.
3. देवी अहिल्या विश्वविद्यालय, इंदौर
-बी.जे.एम.सी.
4. माखनलाल चतुर्वेदी पत्रकारिता विश्वविद्यालय, भोपाल
-एम.ए.

12. महाराष्ट्र

1. पत्रकारिता विभाग, मराठवाड़ा विश्वविद्यालय, औरंगाबाद, महाराष्ट्र-431002
-बी.जे.एम.सी./एम.जे.एम.सी.
2. पत्रकारिता विभाग, नागपुर विश्वविद्यालय. नार्थ अम्बाजारी रोड, नागपुर-440010
-पत्रकारिता एवं जनसंचार स्नातक

3 पत्रकारिता विभाग, पुणे विश्वविद्यालय, रानाडे इंस्टीट्यूट, फर्ग्यूसन कालज रोड, पुणे-44004
-बी.जे.एम.सी./एम.जे.एम.सी.

4 हारनीमन कालेज ऑफ जर्नेलिज्म, मातुंगा, पोस्ट बाक्स नं. 6606, मुम्बई-400019
-पत्रकारिता, प्रचार, जनसम्पर्क, प्रेस फोटोग्राफी

5. के.सी.कालेज आफ मैनेज़मेंट स्टडीज, के.सी. कालेज बिल्डिंग, दिनशाऊ वाचा रोड, चर्च गेट, मुम्बई-400029
-पत्रकारिता, मार्केटिंग मैनेजमैंट और बिज़नेस एडमिनिस्ट्रेशन में डिप्लोमा

6. राजेन्द्र प्रसाद इंस्टीट्यूट आफ कम्यूनिकेशन स्टडीज, भारतीय विद्या भवन, के.एम.मुंशी मार्ग, मुम्बई-400007
-पत्रकारिता में डिप्लोमा (एकवर्षीय)

7. शिवाजी विश्वविद्यालय, कोल्हापुर विद्यानगर, महाराष्ट्र, कोल्हापुर-416004
-सर्टिफिकेट कोर्स इन जर्नेलिज़्म, बी.जे.एम.सी.

8. एस.एन.डी.टी. यूनीवर्सिटी, मुम्बई
-डिप्लोमा

13. उड़ीसा

1. पत्रकारिता विभाग, बरहामपुर विश्वविद्यालय, बरहामपुर, उड़ीसा-782102
-पत्रकारिता में डिप्लोमा

14. पंजाब

1. पत्रकारिता विभाग, पंजाब विश्वविद्यालय, चंडीगढ़-160014
-पत्रकारिता में स्नातक बी.एम.सी./एम.एम.सी.

2. पत्रकारिता विभाग, पंजाबी विश्वविद्यालय, पटियाला-147001
-पत्रकारिता में स्नातक, प्रिंटिंग टेक्नोलॉजी में डिप्लोमा, बी.जे.एम.सी./एम.जे.एम.सी.

3. पंजाब कृषि विश्वविद्यालय, लुधियाना
-कृषि पत्रकारिता में एम.एससी.

15. राजस्थान

1. कोटा मुक्त विश्वविद्यालय, कोटा
-बी.जे.एम.सी. (दूर शिक्षा पद्धति)

2. राजस्थान विश्वविद्यालय, जयपुर
-बी.जे.एम.सी.

16. तमिलनाडु

1. पत्रकारिता विभाग, चैन्नई विश्वविद्यालय, चैपाक, ट्रिप्लीकेन, चैन्नई-600005
   -बी.जे./एम.जे./एम.फिल/पीएच-डी.
2. मदुरैई कामराज विश्वविद्यालय, मदुरैई
   -एम.ए./पीएच-डी. (दूर शिक्षा पद्धति)
3. मणोमणियम सुंदरानार विश्वविद्यालय, तिरूनल्वेली, तमिलनाडु
   -एम.ए. (दोवर्षीय एकीकृत)
4. पीएसजी कालेज, कोयम्बटूर, तमिलनाडु
   -एम.ए. (दोवर्षीय एकीकृत)

17. उत्तर प्रदेश

1. अलीगढ़ मुस्लिम विश्वविद्यालय, अलीगढ़
   - एकवर्षीय डिप्लोमा
2. बिरला कांस्टीट्यूएंट कालेज, पत्रकारिता विभाग, गढ़वाल विश्वविद्यालय, श्रीनगर (गढ़वाल), उत्तर प्रदेश
   -एकवर्षीय स्नातकोत्तर डिप्लोमा/बी.जे.एम.सी.
3. पत्रकारिता विभाग, बनारस हिंदू विश्वविद्यालय, वाराणसी-220005
   -बी.जे.एम.सी./एम.जे.एम.सी./पीएच-डी.
4. गोविन्दबल्लभ पंत विश्वविद्यालय, पंतनगर, उत्तर प्रदेश
   -कृषि पत्रकारिता में एम.एससी.
5. काशी विद्यापीठ, वाराणसी
   -एम.ए. (दोवर्षीय एकीकृत)

18. पश्चिम बंगाल

1. पत्रकारिता विभाग, कलकत्ता विश्वविद्यालय, दरभंगा बिल्डिंग, कलकत्ता-700083
   -पत्रकारिता में एम.ए.
2. जाधवपुर विश्वविद्यालय, जाधवपुर, कलकत्ता
   -डिप्लोमा (सांध्यकालीन कार्यक्रम)

* *

संकट में जनसंपर्क

एक जनसम्पर्क व्यवहारी को प्रायः अनेक संकट की परिस्थितियों का सामना करना पड़ता है जो सामान्य प्रकार की होती हैं जबकि अन्य परिस्थितियों का सामना एक-आध बार करना पड़ता है जो कि गंभीर प्रकार की होती हैं।

ये परिस्थितियाँ या तो प्रकृति उत्पन्न करती है अथवा स्वयं व्यक्ति इन्हें उत्पन्न करता है।

प्रकृति द्वारा उत्पन्न परिस्थितियाँ	व्यक्ति द्वारा उत्पन्न परिस्थितियाँ	
	बाहरी	आंतरिक
1.आपदाएँ, भूकंप, अग्नि, बाढ़, दुर्घटनाएँ, दंगे आदि	1. निहित स्वार्थों द्वारा आक्रमण 2. विरोधी मीडिया 3. सरकारी नियंत्रण 4. जन विवाद	1. कर्मचारियों से सम्बन्धित 2. वित्तीय संकट 3. विपणन की बाधा

कार्पोरेट संचारकों अर्थात संप्रेषकों को इन समस्याओं पर काबू पाने के लिए प्रबंध टीम के एक भाग के रूप में कार्य करना पड़ता है और प्रत्येक व्यक्ति को ऐसी स्थिति के लिए तत्पर रहना होता है।

संकट के समय प्रभावित संस्था अथवा राजनीतिक दल तोड़फोड़ अथवा विदेशी हाथ होने की बात करते हैं। इससे मुश्किल से ही सहायता मिलती है क्योंकि मीडिया के पास सूचना के अन्य स्रोत भी होते हैं। घपलेबाजी की मनगढ़ंत बातें अथवा अस्पष्ट बातों को नकारने से और नुकसान होता है। इससे सरकारी स्रोतों (official sources) द्वारा उत्पन्न संचार का अंतराल जनप्रवाद सूचना (grapevine information) से अथवा गैर-जिम्मेदार सूचना से भर जाएगा।

प्रेस रिपोर्टरों से कभी दूर मत रहिए

किसी भी अप्रिय घटना की स्थिति में रिपोर्टरों से बचने की निर्णय-निर्धारण प्राधिकारियों की सामान्य प्रवृत्ति होती है। ऐसा नहीं किया जाना चाहिए और रिपोर्टर को निर्णय की जानकारी दी जाए चाहे यह 'कोई टिप्पणी नहीं' की स्थिति ही क्यों न हो। 'आँख मिचौली' खेलने और टेलीफोन कालों से बचने का बुरा प्रभाव पड़ता है। प्रत्येक रिपोर्टर का समय बहुमूल्य होता है क्योंकि उसे निर्धारित समय से पहले समाचार तैयार करके भेजना होता है। यदि उसे समय पर दूसरे पक्ष का वक्तव्य नहीं मिलता है तो वह पक्षपातपूर्ण समाचार के आधार पर काम करेगा और रिपोर्टर से बचनेवाले प्राधिकारी की प्रतिष्ठा को नुकसान पहुँचेगा।

याद रखिए कि एक समाचार रिपोर्टर के पास कलम के एक झटके से लाखों लोगों तक पहुँचने की ताकत होती है। इस प्रकार वह सम्बन्धित लोगों की राय को मोड़ देता है। यदि वह अधिकारियों से वक्तव्य को प्राप्त करना चाहता है तो उसका स्वागत किया जाना चाहिए। इस प्रकार नकारात्मक समाचार को काफी हद तक कम किया जा सकता है।

रिपोर्टरों से बचने और हानि पहुँचानेवाले समाचार से उन अन्य रिपोर्टरों को गलत संदेश जाता है जो यह महसूस करते हैं कि नकारात्मक समाचार के मामले में उनकी भी उपेक्षा की जा सकती है।

केस-12

संकट की स्थिति का नवीनतम मामला बाबा रामदेव बनाम भारतीय कम्युनिस्ट पार्टी (मार्क्सवादी) की सुश्री बृंदा करात का है जिन्होंने आरोप लगाया था कि रामदेव अपनी आयुर्वेदिक औषधियों में मानव हड्डियों को मिला रहे हैं। रामदेव की प्रतिक्रिया इतनी उग्र थी कि आरोपों का मुकाबला करने के लिए लगभग प्रत्येक मीडिया का प्रयोग किया गया। उन्होंने घोषणा की कि केवल सरकारी एजेंसी ही परीक्षण के लिए औषधियों के सीलबंद नमूने ले सकती है न कि कोई भी ऐरा-गैरा नत्थू खैरा।

सबसे अधिक आश्चर्यजनक घटना तब हुई जब रामदेव ने सीधे टेलीकांफ्रेंसिंग सत्र में एक पत्रकार (जिसने उन्हें एक तांत्रिक और धोखेबाज कहा) को अपना मुंह बंद रखने और कोई भी प्रश्न पूछने से पहले शिष्टाचार सीखने के लिए कहा। उस पत्रकार ने संवाददाता सम्मेलन चुपचाप छोड़ना ही बेहतर समझा। बाद में सरकारी जांच ने रामदेव को सभी आरोपों से मुक्त कर दिया।

इस सारी घटना ने रामदेव की स्थिति को मजबूत किया और आगे कोई भी संगठन उनके विरुद्ध निराधार और बिना प्रमाण के टिप्पणियाँ करने से पहले कई बार सोचेगा।

संकट का सामना करने के तीन तरीके–स्टेवेन आर.वान हुक

संकट की स्थितियों का मुकाबला करने के तीन उचित तरीके हैं :

1) आरंभ में ही संकट को दूर रखिए;
2) संकट के मसलों को बढ़ने से पहले ही उनपर ध्यान दीजिए और उनका समाधान कीजिए; तथा
3) अपने संकट को अवसर में परिवर्तित करने के लिए संभावित तरीके खोजिए।

संकट का सामना करना

कंपनियों को हर समय संकट का सामना करना पड़ता है जैसे उत्पादों की वापसी, संयंत्रों का बंद होना, दोषपूर्ण उत्पाद, कर्मचारी द्वारा किया जाने वाला अपराध, अपराध के स्थल पर पाई गई मार्का वस्तु और गलत निजी निर्णय लेता हुआ कंपनी का नेता।

तैयारी में, संकट की विस्तृत कार्यनीति विकसित करना, पहले से मीडिया सामग्री सृजित करना, मुख्य अधिकारियों के लिए मीडिया प्रशिक्षण की व्यवस्था करना तथा संकट दल को पहले ही गठित करना शामिल है।

जहाँ तक सम्भव हो सके, जल्दी से जल्दी, विभिन्न स्रोतों से अधिक से अधिक सूचना एकत्र कीजिए। उसके बाद अपने कानूनी परामर्शदाता और सूचना सलाहकार से बात कीजिए ताकि यह देखा जा सके कि कौन-सी सूचना दी जा सकती है और कौन-सी सूचना को गोपनीय रखा जा सकता है।

यदि किसी का जीवन संकट में हो तो गंभीर चिंताओं को तुरंत दूर करने का प्रयास कीजिए। मानव जीवन की उपेक्षा को क्षमा नहीं किया जा सकता और सुनिश्चित कीजिए कि जो भी जानकारी आप मीडिया को अथवा जनता को देते हैं, वह सही हो।

किम हैरीसन के अनुसार :- पहला प्रभाव अंतिम प्रभाव होता है। अनुसंधान से पता चलता है कि किसी विषय पर प्राप्त पहला संदेश (सूचना) उस विषय पर सभी भावी संदेशों की तुलना के लिए एक मंच निर्धारित करता है। वह गति जिससे पहली सूचना (संप्रेषण) जारी की जाती है, वह प्रतिभागियों और लक्ष्य समूह की संकेतक होती है कि संगठन संकट का उत्तर देने के लिए किस प्रकार तैयार है और यह बताया जाए कि उत्तर तैयार है तथा उचित कार्रवाई की जा रही है अथवा नहीं। यदि श्रोताओं अथवा दर्शकों को घटना का उत्तर देने वाली संस्था के बारे में जानकारी नहीं है, तब यह माना जाएगा कि संगठन उत्तर नहीं दे रहा है। इस प्रकार श्रोता/दर्शक विश्वास खो देंगे और संगठन अवधारणाओं को समझने का हमेशा प्रयास करता रहेगा।

विविध केस अध्ययन

केस-13

नीचे एक मामला प्रस्तुत किया जा रहा है जो इन्दिरा गांधी राष्ट्रीय मुक्त विश्वविद्यालय (इग्नू) की विश्वसनीयता पर एक प्रश्न चिह्न लगाता है :

एच.टी.सिटी (हिन्दुस्तान टाइम्स)

नई दिल्ली, बुधवार, 22 सितंबर, 1999

नामांकन के बिना अभ्यर्थी को बी.सी.ए. की डिग्री मिली

पंकज तुली

आदित्य दूबे का चमत्कारों में विश्वास-गलती से उसे बी.सी.ए. की डिग्री मिली

इसके लिए कोई अंक नहीं! भारत के किस विश्वविद्यालय में बिना परीक्षा दिए और बिना शुल्क अदा किए आप किसी डिग्री पाठ्यक्रम में 90% अंक प्राप्त कर सकते हैं? आश्चर्यजनक उत्तर हैः इन्दिरा गांधी राष्ट्रीय मुक्त विश्वविद्यालय (इग्नू) जिसने हाल ही में आदित्य दूबे को कंप्यूटर अनुप्रयोग में स्नातक की उपाधि (बी.सी.ए.) प्रदान की जिसका उसके लिए कभी नामांकन ही नहीं हुआ। उसका कहना है, "तब से मैंने चमत्कारों में विश्वास करना आरंभ कर दिया है। डाकिए ने मुझे अंकतालिका थमाई जिसके अनुसार मैं इग्नू का एक उत्कृष्ट छात्र हूँ।"

विश्वविद्यालयों के दूर शिक्षा कार्यक्रम अपने को वास्तविकता से दूर करते जा रहे हैं और इस प्रकार की गलतियाँ असामान्य नहीं हैं। एक अधिकारी ने नाम न बताने की शर्त पर यह बात कही। 18 वर्षीय आदित्य दूबे ने कहा कि, 'मैं इस पाठ्यक्रम के लिए पात्र भी नहीं था। "जून 1998 में मैंने इग्नू से कंप्यूटर अनुप्रयोग में स्नातक पाठ्यक्रम के लिए आवेदन किया था। जब पाठ्यक्रम को करने का समय आया, मुझे सूचित किया गया कि मैं पात्र नहीं हूँ क्योंकि मेरे पास 10+2 स्तर पर गणित नहीं था। मुझे सलाह दी गई कि मैं पहले कंप्यूटिंग में प्रमाणपत्र (सी.आई.सी.) में नामांकन कराऊँ और फिर बी.सी.ए. में प्रवेश लूँ। 'उस अवधि के दौरान, इग्नू ने जिन विद्यार्थियों के पास गणित नहीं था उनके लिए एक सेतु पाठ्यक्रम (bridge course) आरंभ किया और तदनुसार आदित्य को पहचान पत्र जारी कर दिया गया।

एक दिन आदित्य ने जुलाई-दिसंबर की अवधि के लिए कंप्यूटर अनुप्रयोग स्नातक की सत्रांत अंकतालिका (term-end grade card) प्राप्त की। "मुझे पता चला कि मैं उत्तीर्ण हो गया था, जबकि मैं बी.सी.ए. पाठ्यक्रम नहीं कर रहा था बल्कि कंप्यूटिंग में प्रमाणपत्र पाठ्यक्रम कर रहा था। मेरे आश्चर्य की कल्पना कीजिए जब शीघ्र ही मुझे नामांकन संख्या बी.सी.ए. 989530751, दिनांक 03/06/09 (सत्रांत

परीक्षा दिसंबर 1998) का ग्रेड कार्ड (अंकतालिका) प्राप्त हुआ। मैं अध्ययन केंद्र गया और यह नहीं जानता था कि इस ग्रेड कार्ड का क्या करूँ।''

जब मैं पहुँचा और मैंने यह सब बताया तो इग्नू के विद्यार्थी पंजीकरण एवं मूल्यांकन प्रभाग के निदेशक डॉ. डी.सी.पंत ने कहा कि 'यह सच नहीं है, हमारे पास अध्ययन केंद्र द्वारा भेजी हुई मूल्यांकन की कापियाँ हैं जहाँ विद्यार्थी अपना पाठ्यक्रम कर रहा है और तदनुसार ही अंक दिए गए हैं।' नाम न बताने के अनुरोध पर एक विद्यार्थी ने कहा कि "इग्नू की बहुत सारी गलतियाँ हैं। बी.सी.ए. के विद्यार्थी तरूण जैन ने कहा कि प्रायः परीक्षाओं से एक महीने पहले हमें पुस्तकें दी जाती हैं।" ''यहाँ तक कि मुझे आबंटित किया गया अध्ययन केंद्र बहुत दूर है जबकि एक अध्ययन केंद्र मेरे घर के समीप है।"

अंतिम अंकतालिका में सत्रीय कार्यों के अंक शामिल न होना अथवा नियमित पाठ्यक्रम सामग्री का प्राप्त न होना इग्नू में एक समस्या है। विद्यार्थी पंजीकरण एवं मूल्यांकन प्रभाग के निदेशक डी.सी.पंत का कहना है कि, 'छह लाख से अधिक विद्यार्थियों को सँभालना सरल नहीं हैं। हम लगातार सुस्पष्ट प्रणाली हासिल करने का प्रयास कर रहे हैं। इस वर्ष, हमने अपने विद्यार्थियों को सीडी-रोम भेजना आरंभ किया है जिसमें कार्यक्रम दर्शिका और पाठ्यक्रम सामग्री शामिल है।'

विद्यार्थियों को विश्वास नहीं होता। उनका कहना है कि "हम भाग्यशाली होंगे यदि हमें विश्वविद्यालय से सही पाठ्यक्रम के लिए सही पुस्तकें और सही विद्यार्थियों को सही पाठ्यक्रमों के लिए सही अंकतालिकाएँ प्राप्त होंगी।"

इग्नू ने तुरंत उत्तर दिया

दिनांक : 23 सितंबर, 1999

सेवा में,
संपादक
हिंदुस्तान टाइम्स
नई दिल्ली

प्रिय महोदय,

यह दिनांक 22 सितंबर, 1999 के हिंदुस्तान टाइम्स समाचारपत्र में प्रकाशित समाचार के संदर्भ में है जिसका शीर्षक था ''नामांकन के बिना अभ्यर्थी को बी.सी.ए. की डिग्री मिली।''

सबसे पहले सूचित किया जाता है कि इग्नू ने किसी भी अभ्यर्थी को बी.सी.

ए. की उपाधि प्रदान नहीं की है क्योंकि अबतक किसी ने भी कंप्यूटर अनुप्रयोग स्नातक की परीक्षा उत्तीर्ण नहीं की है। मामले का ब्यौरा जो समाचारपत्र के संवाददाता को स्वयं और लिखकर स्पष्ट किया गया था, वह इस प्रकार है : श्री आदित्य दूबे, निवासी ए-6, नरेंद्र मोहन हॉस्पीटल, मोहननगर, गाज़ियाबाद ने बी.सी.ए. के पंजीकरण के लिए आवेदन किया था और उसका जुलाई, 1998 में पाठ्यक्रम के लिए पंजीकरण किया गया। उसे नामांकन सं. 989530751 आबंटित की गई और अध्ययन केंद्र प्रीत विहार दिया गया। नामांकन इग्नू की एक सहभागी संस्था एपटैक के माध्यम से हुआ। श्री दूबे ने पाठ्यक्रम शुल्क के लिए 2500/-रुपए की राशि और पंजीकरण के लिए 100/- रुपए की राशि क्रमशः डिमांड ड्राफ्ट सं. 250764 दिनांक 29.7.1998 और डिमांड ड्राफ्ट सं. 250765 दिनांक 29.7.1998 द्वारा भुगतान की। इग्नू के पाठ्यक्रम की पाठ्यचर्या (course curriculum) के लिए बी. सी.ए. उपाधि प्राप्त करने हेतु तीन वर्षों की अवधि के अंदर 96 क्रेडिट प्राप्त करने होते हैं। प्रत्येक पाठ्यक्रम को सफलतापूर्वक पूरा करने के लिए विद्यार्थी को सम्बन्धित पाठ्यक्रम के लिए दो प्रकार के सत्रीय कार्य (assignments) जमा कराने पड़ते हैं, अध्यापक जांच सत्रीय कार्य (Tutor Marked Assignments) और कंप्यूटर जांच सत्रीय कार्य (Computer Marked Assignments)। विद्यार्थी सम्बन्धित सत्र के अंत में सत्रांत परीक्षा दे सकता है। श्री आदित्य दूबे ने पाठ्यक्रम सीएस-611 के दो सत्रीय कार्य जमा कराए हैं जिनमें उन्हें विश्वविद्यालय द्वारा अध्ययन केंद्र से प्राप्त सत्रीय कार्य पत्रक (sheet) के अनुसार 100 में से 90 अंक प्राप्त हुए हैं। इसका अर्थ है कि कुल 1200 में से 50 अंक प्राप्त कर सत्रीय कार्यों को पूरा करके उन्होंने अभी-अभी अपना खाता खोला है।

दुर्भाग्यवश, इन सभी तथ्यों को प्रस्तुत करने के बावजूद, जैसा कि संवाददाता द्वारा बताए गए कथन से स्पष्ट है, विश्वविद्यालय की छवि खराब करने के लिए भ्रामक समाचार प्रकाशित किया गया है।

कृपया आप अपने सम्मानित दैनिक पत्र में ये तथ्य प्रकाशित करने का कष्ट करें। हम आभारी होंगे।

धन्यवाद,

भवदीय,
मुख्य जनसम्पर्क अधिकारी

संलग्नक :

1. अभ्यर्थी का पंजीकरण ब्यौरा जिसमें ड्राफ्ट सं. और तारीख दी हुई है।

2. अध्ययन केंद्र (एपटैक, प्रीत विहार) से प्राप्त अंकतालिका की प्रति जिसमें अभ्यर्थी का नाम, उसके द्वारा जमा किए गए दो सत्रीय कार्यों में उसे दिए गए ग्रेड अंक प्रदर्शित किए गए हैं।
3. अभ्यर्थी को भेजे गए अंकों के विवरण की प्रति, जिसमें कथित सत्रीय कार्यों के ग्रेड प्रदर्शित किए गए हैं जिसके आधार पर वह बी.सी.ए. की उपाधि प्राप्त करने का गलत दावा कर रहा है।

फोन पर अनेक बार याद दिलाने पर एच.टी. सिटी ने अंत में पत्र के कुछ निम्नलिखित अंश प्रकाशित किए :

एच.टी.सिटी 29/9/1999

इग्नू का उत्तर

एच.टी.सिटी में प्रकाशित समाचार अभ्यर्थी को बी.सी.ए. की उपाधि प्राप्त हुई (Boy gets BCA Degree...) (दिनांक 22 सितंबर, 1999), इस संदर्भ में इग्नू ने निम्नलिखित स्पष्टीकरण जारी किया है :

"आदित्य दूबे ने बी.सी.ए. के पंजीकरण के लिए आवेदन किया। उसे जुलाई, 1998 में नामांकन सं.989530751 आबंटित की गई। उसे प्रीत विहार में अध्ययन केंद्र दिया गया। नामांकन एपटैक के माध्यम से था। श्री दूबे ने पाठ्यक्रम शुल्क की 2500/-रुपए की राशि और पंजीकरण शुल्क के लिए 100/-रुपए की राशि का भुगतान किया। विद्यार्थी को इग्नू की पाठ्यक्रम की पाठ्यचर्या के लिए तीन वर्षों की अवधि में 96 क्रेडिट पूरे करने पड़ते हैं। आदित्य दूबे ने अबतक दो सत्रीय कार्य जमा कराए हैं जिसमें उसे विश्वविद्यालय द्वारा अध्ययन केंद्र से प्राप्त सत्रीय कार्य पत्रक के अनुसार 100 में से 90 अंक प्राप्त हुए हैं। इसका अर्थ है कि कुल 1200 में से 50 अंक प्राप्त कर सत्रीय कार्यों को पूरा करके उन्होंने अभी-अभी अपना खाता खोला है।"

हमारा उत्तर : श्री आदित्य दूबे इस समय इग्नू के गाजियाबाद अध्ययन केंद्र से कंप्यूटर में प्रमाणपत्र पाठ्यक्रम की कक्षाओं में भाग ले रहे हैं। उनकी नामांकन संख्या 993428703 है (कार्यक्रम का नाम सी.आई.सी. है, न कि बी.सी.ए. है)। इस प्रकार वह इग्नू से सी.आई.सी. और बी.सी.ए. दोनों एकसाथ नहीं कर सकते। (नियम सं. 5.5 इग्नू की अध्ययन पुस्तिका में अन्य उपयोगी सूचना शीर्षक के अंतर्गत एकसाथ पंजीकरण)। इसके अतिरिक्त, सी.आई.सी. एक सेतु पाठ्यक्रम है। यह उनके लिए है जो बी.सी.ए. में प्रवेश लेने के लिए पात्र नहीं हैं क्योंकि इसके लिए गणित जरूरी है और जिन विद्यार्थियों के पास गणित विषय नहीं था, उनके लिए यह पहली शर्त है। विद्यार्थी मना कर रहा है कि उसने कभी बी.सी.ए. के लिए कोई सत्रीय कार्य जमा कराया था जिसके लिए इग्नू ने उसे सत्रांत ग्रेड कार्ड भेजा

और इसने अंत में उसे बी.सी.ए. की उपाधि प्रदान की।

तथापि, कुछ भ्रम होने के कारण, 'समाचार में बी.सी.ए. उपाधि' का उल्लेख गलती से कर दिया गया जबकि यह केवल 'सत्रांत ग्रेड कार्ड' था जो कि सहीरूप से बी.सी.ए. उपाधि के लिए पहला चरण है।

संपादक

इग्नू ने उसी दिन फिर से उत्तर दिया

29 सितंबर, 1999

संपादक
हिंदुस्तान टाइम्स

प्रिय महोदय,

हमने बुधवार 29 सितंबर, 1999 के 'एच.टी. सिटी' में हिंदुस्तान टाइम्स द्वारा "इग्नू का उत्तर" शीर्षक से प्रकाशित जवाब देखा। प्रतीत होता है कि दैनिक पत्र के संपादक ने कुछ बिंदु छोड़ दिए हैं जो संदर्भाधीन मामले से संबद्ध हैं। समाचार जो 22/09/1999 के एच.टी.सिटी में छपा था, उसने पाठकों पर यह प्रभाव छोड़ा कि विश्वविद्यालय ने विद्यार्थी को बी.सी.ए. की उपाधि कथित कार्यक्रम में नामांकन कराए बिना प्रदान की है। परंतु सच यह है कि उसने कार्यक्रम शुल्क और पंजीकरण शुल्क का भुगतान किया था और उसे नामांकन संख्या भी आबंटित कर दी गई थी जिस पर कोई विवाद नहीं है तथा जिसका अर्थ है कि विद्यार्थी ने बी.सी.ए. कार्यक्रम में प्रवेश लिया था और उसे ग्रेड कार्ड प्राप्त हुआ जिससे विद्यार्थी की प्रगति का पता चलता है। यह विश्वविद्यालय में सामान्य पद्धति है कि विश्वविद्यालय हर छह महीनों में ग्रेड कार्ड भेजता है जिसमें विद्यार्थी की प्रगति दर्शाई जाती है। अतः यह कोई चमत्कार नहीं है जैसा कि संवाददाता ने बताया है।

अपने उत्तर में संपादक ने कहा है कि आदित्य दूबे इस समय गाजियाबाद में सी.आई.सी. कर रहा है। विश्वविद्यालय ने यह मना नहीं किया है क्योंकि विश्वविद्यालय के पास उसके सी.आई.सी. पाठ्यक्रम करने के बारे में कोई उल्लेख नहीं है जिसके लिए उसने जुलाई, 1999 में नामांकन कराया था। यह कहना सही नहीं है कि एकसाथ पंजीकरण के अंतर्गत कोई विद्यार्थी सी.आई.सी. और बी.सी.ए. नहीं कर सकता। 'शर्त 3.8' के अंतर्गत एकसाथ पंजीकरण को नियंत्रित करने वाले नियम का अवलोकन करें जिसे नीचे प्रस्तुत किया गया है और संपादक द्वारा

जो कुछ कहा गया है, उसके विपरीत है :

"विद्यार्थी 6 महीने की अवधि का प्रमाणपत्र और किसी अन्य कार्यक्रम में एकसाथ पंजीकरण करा सकते हैं परंतु यह उनके आरंभिक अध्ययन के साथ नहीं टकराना चाहिए। विश्वविद्यालय ऐसे विद्यार्थियों के लिए परीक्षा आयोजित करने के लिए जिम्मेदार नहीं होगा यदि पाठ्यक्रम की तारीखें एकसाथ (उसी दिन, उसी समय) पड़ती हैं।"

तदनुसार, विद्यार्थी को ये पाठ्यक्रम एकसाथ करने की अनुमति है। फिर यह कहना कि सी.आई.सी. एक सेतु पाठ्यक्रम है, सही नहीं है। वास्तव में, वे विद्यार्थी जिन्होंने 10+2 स्तर पर गणित नहीं पढ़ा है, वे पी.पी.सी. शीर्षक के साथ सेतु पाठ्यक्रम का अध्ययन कर सकते हैं।

दुर्भाग्यवश, प्रतिष्ठित दैनिक के संपादक को यह उत्तर नहीं देना चाहिए कि बी.सी.ए. उपाधि का उल्लेख सत्रांत परीक्षा के ग्रेड कार्ड के स्थान में गलती से किया गया था। उन्होंने अपनी ओर से इस गंभीर त्रुटि के लिए कोई खेद व्यक्त नहीं किया है। यह कहना कि सत्रांत परीक्षा का ग्रेड कार्ड सही ढंग से आखिरकार अभ्यर्थी को बी.सी.ए. उपाधि दिला देगा, यह उतना ही कहना सही है कि किसी व्यक्ति द्वारा संसद की सदस्यता के लिए चुनाव लड़ने के लिए नामांकन दाखिल करने से, वह व्यक्ति प्रधानमंत्री बन जाएगा--चाहे व्यक्ति चुनाव जीतता है अथवा नहीं। अतः हम चाहेंगे कि रिपोर्टर ऐसे समाचार प्रकाशित करने से पहले पूरी प्रणाली को समझने का प्रयास करें और सस्ती लोकप्रियता प्राप्त करने की कोशिश न करें।
कृपया एच.टी.सिटी के आगामी अंक में इन बिंदुओं को प्रकाशित करके सही स्थिति को प्रस्तुत करने का कष्ट करें।

धन्यवाद,

भवदीय,

मुख्य जनसम्पर्क अधिकारी

प्रतिलिपि : 1. कार्यकारी संपादक, हिंदुस्तान टाइम्स
2. संपादक, एच.टी. सिटी

हिंदुस्तान टाइम्स ने यह पत्र प्रकाशित ही नहीं किया।

केस-14

बदरपुर थर्मल पावर स्टेशन सही रखरखाव न होने के कारण खराब हो जाता था जिससे राजधानी में बिजली की स्थिति पर बुरा असर पड़ता था। यह दिल्ली की

60% बिजली की आवश्यकताओं को पूरा कर रहा था परंतु स्थानीय मीडिया इसका नाम एक दोषी के रूप में उछालता था। इससे बदरपुर थर्मल पावर स्टेशन की बदनामी हो रही थी।

रणनीतियाँ : हर गरमी के मौसम में कुछ ही विकल्प थे अर्थात या तो इस बदरपुर थर्मल पावर स्टेशन की इकाइयों को एक-एक करके बंद कर दिया जाए अथवा प्रेषण के नुकसानों को (बिजली चोरियों के कारण) होने से रोका जाए।

प्रबंधन ने बदरपुर थर्मल पावर स्टेशन की खराब छवि को सुधारने के लिए जनसम्पर्क अधिकारी को जिम्मेदारी सौंपी। जनसम्पर्क अधिकारी ने बदरपुर थर्मल पावर स्टेशन में बार-बार होने वाले ब्रेकडाउन के बारे में संचालन और अनुरक्षण इंजीनियरों (operation and maintenance engineers) के साथ मामले पर चर्चा की। उन्होंने सर्वसम्मति से बताया कि यह समस्या बरकरार रहेगी क्योंकि यह संयंत्र विदेशों से प्रौद्योगिकी के स्थानांतरण के बाद भारत हैवी इलैक्ट्रिकल्स लिमिटेड द्वारा आरंभ किया गया पहला प्रयास था। अतः बदरपुर थर्मल पावर स्टेशन में संयंत्र विभिन्न माडलों वाला एक मिश्रित डिजाइन है। चूँकि यह बहुत बड़े विद्युत उत्पादक भारत हैवी इलैक्ट्रिकल्स लिमिटेड का पहला प्रयास है, इसलिए इसकी पूरी मरम्मत (नवीकरण) ही एकमात्र समाधान है जिसके कारण पूरा संयंत्र कई महीनों तक बंद रह सकता है। इसके अतिरिक्त, इस पुरानी प्रौद्योगिकी के कलपुर्जे आसानी से उपलब्ध नहीं हैं।

अतः बदरपुर थर्मल पावर स्टेशन प्रबंधन द्वारा यह निर्णय लिया गया कि एक समाचार एजेंसी के रिपोर्टर को बुलाया जाए जो बदरपुर थर्मल पावर स्टेशन और भारत हैवी इलैक्ट्रिकल्स लिमिटेड से पूरी जानकारी ले और सभी बातों को सही परिप्रेक्ष्य में रखे। इस समाचार को दर्जन भर से ज्यादा समाचारपत्रों, विशेषकर वित्तीय पत्रों ने प्रकाशित किया।

डिज़ाइन की त्रुटियों से ग्रस्त बदरपुर

''बदरपुर थर्मल पावर स्टेशन को जो दिल्ली की 60% बिजली की आवश्यकताओं को पूरा करता है, कलपुर्जों की भारी कमी और गंभीर डिज़ाइन त्रुटियों ने संकट में डाल दिया।''

स्रोतों के अनुसार बदरपुर थर्मल पावर स्टेशन विभिन्न प्रौद्योगिकियों का एक मिश्रित डिज़ाइन है। जब इसे स्थापित किया गया था तब भारत में कोई आदर्श ताप विद्युत केंद्र नहीं था। अतः संयंत्र में बुनियादी समस्याएँ हैं और अतीत में भारत हैवी इलैक्ट्रिकल्स लिमिटेड द्वारा पश्चिम से मंगाई गई पुरानी प्रौद्योगिकी है। जब सम्पर्क किया गया तब भारत हैवी इलैक्ट्रिकल्स लिमिटेड ने इसकी पुष्टि

की और कहा कि यह उनका पहला अग्रणी प्रयास था। फिर भी उन्होंने आश्वासन दिलाया कि कलपुर्जों की कमी के बावजूद विद्युत संयंत्र को आधुनिक बनाने में उनके प्रयास जारी हैं और यह आशा की जाती है कि दिल्लीवासियों के लिए गर्मी का मौसम ठंडा रहेगा क्योंकि विद्युत संयंत्र की कार्यप्रणाली को सुधारने के लिए अनेक नए कदम उठाए गए हैं। अतः बदरपुर थर्मल पावर स्टेशन के प्रबंधन को इन प्रयासों में ज्यादा भूमिका नहीं निभानी है क्योंकि मुख्य जिम्मेदारी भारत हैवी इलेक्ट्रिकल्स लिमिटेड की है।

यद्यपि मुख्य खबर अत्यधिक स्पष्ट और चुभनभरी तथा हानि पहुँचाने वाली थी फिर भी समाचार की सामग्री अत्यंत संतुलित थी। इसने पाठकों और विद्युत मंत्रालय पर सही प्रभाव डाला।

केस-15

बदरपुर थर्मल पावर स्टेशन की 720 मेगावाट की स्थापित क्षमता से भी कम उत्पादन के कारण दिल्ली में इसकी लगातार खराब छवि थी और जब कभी इसने अपनी क्षमता पूरी की, इसका उल्लेख किसी ने नहीं किया। परंतु जब कभी यह किसी भी समय राजधानी को विद्युत आपूर्ति करने के अपने लक्ष्य में असफल हुआ तो प्रेस ने इसे बहुत उछाला और इसके सम्बन्ध में समाचार प्रकाशित किए।

रणनीतियाँ : जनसम्पर्क विभाग ने निर्णय लिया कि जब भी संयंत्र अपनी क्षमता पूरी कर रहा हो अथवा आशा से अधिक क्षमता प्राप्त कर रहा हो तो इसके बारे में तत्काल सूचित करना जरूरी है और यदि बिजली अधिक है तो क्या कार्रवाई की जाए।

संचालन और अनुरक्षण कर्मचारियों ने सूचित किया कि बिजली का भंडारण नहीं किया जा सकता और जब कभी संयंत्र का संयंत्र लोड फैक्टर (plant load factor) 90% से अधिक हो जाता है तो राज्य विद्युत बोर्ड (State Electricity Boards) इसे लेने से मना कर देते हैं क्योंकि उनके पास पूरी बिजली होती है। परिणाम यह होता है कि बदरपुर थर्मल पावर स्टेशन को अपना उत्पादन कम करना पड़ता है।

यह मुख्य समाचार था जो इकोनॉमिक टाइम्स के मुख्य पृष्ठ (आवरण पृष्ठ) पर निम्नलिखित ढंग से छपा था :

'संयंत्र लोड फैक्टर के 90% से अधिक हो जाने के कारण बदरपुर थर्मल पावर स्टेशन को उत्पादन कम करना पड़ा।'

स्रोतों के अनुसार, बदरपुर थर्मल पावर स्टेशन ने अपना उत्पादन कम करना आरंभ

कर दिया है क्योंकि संयंत्र अपनी उच्च कार्यक्षमता स्तर पर काम कर रहा है और बिजली को राज्य विद्युत बोर्डों को प्रेषित नहीं किया जा सकता क्योंकि उनके पास पहले ही पर्याप्त बिजली है। बदरपुर थर्मल पावर स्टेशन राजधानी को लगातार बिजली की आपूर्ति कर रहा है। यह उपलब्धि प्रबंध और स्टाफ के निरंतर प्रयासों से प्राप्त हुई है। तथापि विद्युत केंद्र उत्पादन कम करने पर मजबूर है क्योंकि बिजली का भंडारण नहीं किया जा सकता...।

केस-16

बदरपुर थर्मल पावर संयंत्र से सैंकड़ों टन राख निकलती है क्योंकि प्रमुख ईंधन तो कोयला है जो हवा के साथ मिलकर अस्वस्थ वायुमंडल उत्पन्न करता है। यह राख स्थानीय निवासियों के लिए विभिन्न श्वास सम्बन्धी समस्याएँ उत्पन्न करती है।

रणनीतियाँ : प्रमुख मीडिया से चुने गए रिपोर्टरों की प्रेस टीम को आमंत्रित किया गया और राख के क्षेत्र के चारों और ले जाया गया।

उन्हें बताया गया कि राख पानी के साथ मिल जाती है और इस प्रकार राख के पुश्ते (बंध) बनकर कई मील तक फैल जाते हैं। इन पुश्तों पर प्रदूषण रोकने के लिए सफेदे के वृक्ष लगाए गए हैं। प्रदूषण को नियंत्रित करने के लिए हरित पट्टी से विद्युत केंद्र ढका हुआ है।

प्रत्येक रिपोर्टर को राख से भरा फ्लावर पॉट दिया गया ताकि इस बात को सिद्ध किया जा सके कि अनेक वर्षों तक गमले में भी प्राकृतिक ढंग से पौधे उगाए जा सकते हैं।

इस खबर को सभी प्रमुख समाचारपत्रों में बड़े ही प्रभावी ढंग से निम्नलिखित रूप से प्रकाशित किया गया :

चिमनी की राख को खाद की तरह इस्तेमाल किया जा रहा है।

बदरपुर थर्मल पावर स्टेशन के महाप्रबंधक के अनुसार कोयले की राख का उपयोग पौधे उगाने के लिए पर्याप्तरूप से किया जा रहा है। यह राख एक नए ढंग से गमलों में सैंकड़ों घरों में अपना स्थान पा रही है जबकि इसका प्रयोग प्रदूषण को नियंत्रित करने के लिए सफेदे के वृक्ष उगाने में भी किया जा रहा है।

केस-17

बदरपुर थर्मल पावर स्टेशन राज्य विद्युत बोर्डों से अपने बकाया भुगतान के कारण सुर्खियों में रहा। परंतु इसका संयंत्र लोड फैक्टर भी 30-40% हो गया जोकि हर

हालत में 60% से ऊपर होना चाहिए। बढ़े हुए संयंत्र लोड फैक्टर के बारे में उच्च प्रबंधन द्वारा समाचार तैयार किया गया परंतु यह समाचार नहीं बन पाया क्योंकि अधिकांश पाठक संयंत्र लोड फैक्टर से परिचित नहीं थे। बार-बार संदेश देने के लिए बार-बार समाचार लिखा गया कि बदरपुर थर्मल पावर स्टेशन शीघ्र ही अपने कर्मचारियों की उच्च कार्यकुशलता के होने के कारण जल्दी ही नुकसान से छुटकारा पाएगा और लाभ प्राप्त करेगा। इस पर भी ध्यान नहीं दिया गया। अंत में कर्मचारियों के लिए कुछ वर्ष पहले आरंभ की गई प्रोत्साहन योजना को ध्यान में रखते हुए प्रेस नोट जारी किया गया। यह समाचार इस प्रकार है :

बदरपुर थर्मल पावर स्टेशन की नवीन योजना

"बदरपुर थर्मल पावर स्टेशन में लागू एक नवीन प्रोत्साहन योजना इसे नुकसान से बाहर ले आई है। स्रोतों के अनुसार, कर्मचारी विद्युत उत्पादन से जुड़े अधिक बोनस पर जोर दे रहे थे और प्रोत्साहन योजना ने उन्हें अपने वेतन को दुगुना करने का पर्याप्त अवसर दिया है। इससे कुल उत्पादकता उच्च स्तरों तक पहुँची है और दिल्ली ठंडी गर्मी के लिए अपने आप को तैयार कर ले।"

केस-18

एक प्रमुख विनिर्माता कंपनी भारत पम्प्स एंड कंपेसर्स लिमिटेड (बी.पी.सी.एल.) के पास स्थानीय ग्रामीणों ने एक वाहन को जला दिया और संगठन की इमारत को क्षतिग्रस्त कर दिया। इसका कारण एक ठेके की बस था जो कंपनी की नहीं थी और इसने एक ग्रामीण की जान ले ली थी।

प्रबंधन दंगे और संयंत्र में लूटपाट से आश्चर्यचकित था हालांकि ग्रामीण यह जानते थे कि बस फैक्टरी की नहीं थी बल्कि यह भारत पम्प्स एंड कंप्रेसर्स लिमिटेड के ठेकेदार द्वारा चलाई जा रही एक निजी बस थी।

जनसम्पर्क विभाग को कारणों का पता लगाने का काम सौंपा गया। इसने पाया कि स्थानीय निवासी कंपनी से पहले ही नाराज़ थे क्योंकि उनकी जमीन जब इसने खरीदी थी तब उनके परिवार के सदस्यों को न तो नौकरियाँ दी गईं और न ही उन्हें पूरा मुआवजा दिया गया था। इसके अतिरिक्त पंचायत के सरपंच के साथ क्षेत्र में महत्त्वपूर्ण घटनाओं के सम्बन्ध में कभी भी परामर्श नहीं किया गया।

तुरंत एक कल्याण अधिकारी को नियुक्त किया गया और महिला एसोसिएशन ने विकास के लिए समीपवर्ती क्षेत्रों को गोद लिया। नलकूप लगाए गए और नर्सरी स्कूल खोले गए। स्थानीय लघु समाचारपत्र ने विज्ञापन जारी किए।

कंपनी द्वारा आरंभ किए गए कार्य के सम्बन्ध में गाँव के क्षेत्रों में प्रदर्शनियाँ

और मेले आयोजित किए गए। जल्दी ही, लोगों के साथ बाहरी सम्बन्धों में सुधार किया गया।

केस-19

भारत पम्पर्स एण्ड कम्प्रेसर्स लि. की यूनियन बिना किसी विशेष कारण के कभी-कभी आंदोलन कर रही थी जिससे संयंत्र के काम में बाधा उत्पन्न हो रही थी।

जनसम्पर्क विभाग द्वारा एक सर्वेक्षण किया गया और पाया गया कि काफी हद तक आंतरिक संप्रेषण कम होता जा रहा है।

इस सम्बन्ध में निम्नलिखित कार्रवाई की गई :

1. द्विभाषी न्यूज़लैटर शुरू किया गया जिसमें उन कर्मचारियों के नाम प्रकाशित किए गए जिन्होंने उत्पादन-लक्ष्य प्राप्त किया था।
2. कर्मचारियों और बालकों द्वारा लिखित कविताओं और कहानियों को उनके फोटोग्राफ और शैक्षिक ब्यौरों सहित प्रकाशित किया गया।
3. कर्मचारियों में बेहतर संप्रेषण के लिए संयंत्र में जन संबोधन प्रणाली (Public Address System) स्थापित की गई।
4. नियमित आधार पर सांस्कृतिक समारोह आयोजित किए गए जिनमें कर्मचारियों और बालकों ने भाग लिया।
5. सूचना पटों को रोज़ाना अद्यतन किया गया ताकि कर्मचारियों को घटनाओं से अवगत कराया जा सके।
6. पूरे संयंत्र को पेड़-पौधों से हरा-भरा किया गया और सभी तरह से अत्यंत सुंदर वातावरण निर्मित किया गया। इसकी छतों पर इसका नाम लिखा गया जिसे सड़क से देखा जा सकता था।
7. स्थानीय क्षेत्र में सभी के लिए महिला एसोसिएशन द्वारा मेला आयोजित किया गया।
8. बी.पी.सी.एल. ने स्थानीय सभागार में प्रसिद्ध नर्तकों द्वारा नृत्य प्रायोजित किया।
9. इसने अपनी बसें चलाईं जिन पर कंपनी का प्रतीक (logo) था।
10. इसने स्थानीय प्रदर्शनियों में भाग लिया।
11. स्थानीय क्षेत्रों में हिंदी और अंग्रेजी में ब्रोशर बाँटे गए जो गाँवों में कंपनी द्वारा किए गए कार्य के सम्बन्ध में समारोह के बारे में थे।
12. समाचारपत्रों में करीब-करीब प्रत्येक प्रेस विज्ञप्ति के साथ प्रासंगिक फोटोग्राफ था।
13. नियमित अंतराल पर संवाददाता सम्मेलन आयोजित किए गए।

इन उपायों से कर्मचारियों के साथ मैत्रीपूर्ण सम्बन्ध बनाने में महत्त्वपूर्ण परिणाम प्राप्त हुए और कम्पनी लाभ अर्जित करने में सक्षम हुई।

केस-20

इग्नू, विभिन्न कंप्यूटर संस्थानों की भागीदारी के साथ जिनमें एपटैक भी शामिल है, बी.सी.ए. उपाधि प्रदान कर रहा था। तथापि, देश के विभिन्न क्षेत्रों से सैंकड़ों विद्यार्थियों ने आंदोलन की घोषणा की और कहा कि यद्यपि बी.सी.ए. के लिए इग्नू की फीस केवल 5000/- रुपए है परंतु एपटैक बी.सी.ए. की डिग्री के लिए लगभग 75000/- रुपए वसूल रहा है।

यह सच नहीं था और विद्यार्थियों को यह विश्वास दिलाने का हर प्रयास किया गया कि इग्नू की फीस केवल 5000/- रुपए है। फिर भी विद्यार्थियों ने आरोप लगाया कि सहभागी संस्था एपटैक जो इग्नू की डिग्री प्राप्त कराने के लिए प्रैक्टिकल कराती है, इग्नू की बी.सी.ए. पूरी करने से पहले उनका पाठ्यक्रम कराना अनिवार्य बना दिया गया है और इसकी फीस 75000/- रुपए है।

इससे इग्नू की अत्यंत बदनामी हुई और मामले को एपटैक प्राधिकारियों के साथ उठाया गया। जिन्होंने कहा कि उनका पाठ्यक्रम अनिवार्य नहीं है बल्कि वैकल्पिक है और विद्यार्थी यदि यह पाठ्यक्रम ले लेते हैं तो बी.सी.ए. करने के लिए वे बेहतर ढंग से तैयार हो जाते हैं।

जनसम्पर्क विभाग ने इस सम्बन्ध मे वक्तव्य जारी किए परंतु आंदोलन रूका नहीं। अतः परस्पर हुए समझौता ज्ञापन (memorandum of understanding) को रद्द करने का आवश्यक निर्णय लिया गया और जो विद्यार्थी एपटैक में शामिल हुए थे उनका इग्नू के केन्द्रों में स्थानांतरण कर दिया गया।

केस-21

निजी शैक्षिक संस्थाओं द्वारा भोले-भोले विद्यार्थियों को गुमराह करनेवाले और गैर-कानूनी विज्ञापनों पर नियंत्रण करने की दृष्टि से, शिक्षा विभाग, भारत सरकार के अंतर्गत एक अनाचार प्रकोष्ठ (Malpractices Cell) स्थापित करने का निर्णय किया गया।

इग्नू के परिपत्र में कहा गया था कि मंत्रालय के ध्यान में आया है कि कुछ शैक्षिक संस्थाएँ, जो विशेषकर गैर-सरकारी क्षेत्र में हैं, भोले-भाले विद्यार्थियों को लूटने के लिए गुमराह करने वाले/गैर कानूनी विज्ञापन जारी करती हैं। इन कार्यों को रोकने के लिए, 'एक अनाचार प्रकोष्ठ' स्थापित करने का निर्णय किया गया है और इस प्रकोष्ठ के लिए प्रभारी अधिकारी के रूप में एक सहायक शैक्षिक अधिकारी को सलाहकार नियुक्त किया गया है। शिक्षा के विभिन्न उपक्षेत्रों में शीर्षस्थ निकाय जो मानदंडों के समन्वय और अनुरक्षण के लिए राष्ट्रीय स्तर पर उत्तरदायी हों, उन्हें इस प्रयोजन के लिए अपने अधीन इसी प्रकार के प्रकोष्ठ स्थापित करने चाहिए। इनमें विश्वविद्यालय अनुदान आयोग (University Grants

Commission), दूर शिक्षा परिषद (Distance Education Council), अखिल भारतीय तकनीकी शिक्षा परिषद (All India Council for Technical Education), भारतीय विश्वविद्यालय संघ (Association of Indian Universitites), राष्ट्रीय अध्यापक शिक्षा परिषद (National Council for Teacher Education), केंद्रीय माध्यमिक शिक्षा बोर्ड (Central Board of Secondary Education) और राष्ट्रीय शैक्षिक अनुसंधान एवं प्रशिक्षण परिषद (National Council for Educational Research and Training) शामिल हैं।

इन प्रकोष्ठों का कार्य गैर सरकारी/निजी संगठनों/संस्थाओं की शैक्षिक गतिविधियों पर सतर्क निगरानी रखकर राष्ट्रीय/क्षेत्रीय दैनिक पत्रों और पत्रिकाओं में छपनेवाले भ्रामक/गैर कानूनी विज्ञापनों पर निगरानी रखना है। समाचारपत्रों और पत्रिकाओं की कतरनों आदि को रिकार्ड और संदर्भ के लिए रखा जाता है और दोषी संगठनों/संस्थाओं के विरुद्ध तत्काल कार्रवाई की जाती है।

संगठनों/संस्थाओं के लिए विज्ञापनों को वापस लेने/संशोधन करने पर जोर देने की कार्रवाई भी शामिल हो सकती है। इसके अतिरिक्त, विश्वविद्यालय सम्बन्धित समाचार/पत्रिका के संपादक/ओमबड्समैन से सम्पर्क कर सकता है। यदि समाचारपत्रों के संपादक/ओमबड्समैन इन अनुरोधों की उपेक्षा करते हैं तो भारतीय प्रेस परिषद के पास पहुँचा जा सकता है। गंभीर मिथ्यानिरूपण (misrepresentation) के मामलों में जो धोखाधड़ी से सम्बन्धित हों, पुलिस में प्राथमिकी (First Information Report) दर्ज कराई जा सकती है।

इग्नू में अनाचार प्रकोष्ठ के प्रभारी अधिकारी के रूप में जनसम्पर्क प्रमुख को मनोनीत किया गया।

तदनुसार, इग्नू में जनसम्पर्क प्रमुख की अध्यक्षता में एक समिति बनाई गई और सुरक्षा अधिकारी और विधि प्रमुख को इसका सदस्य बनाया गया ताकि वे संदिग्ध संस्थानों द्वारा भोले-भाले विद्यार्थियों को ठगने के लिए इग्नू के सम्बन्ध में भ्रामक विज्ञापनों को नियंत्रित कर सकें।

समिति ने 2 वर्षों तक कार्य किया और निम्नलिखित कार्यकलाप करके विभिन्न मामलों को सँभाला:

1) ऐसे विज्ञापनों का पता लगाने के लिए समाचारों की कतरन सेवा शुरू करना जिसका नमूना निम्नलिखित है :

टाइम्स आफ इंडिया
नई दिल्ली
9 मार्च, 2005

इग्नू की
एम.सी.ए., बी.सी.ए., सी.आई.सी.
के लिए कक्षा पाठ्यक्रम
ASP, Net, VB. Net, PHR, J2 EE, ASP, VB में
प्रोजेक्ट प्रशिक्षण में
Testing (Manual + Automated)
CRC ®
आईएसओ 9001 : 2002
उत्तरी दिल्ली
43, रिंग रोड, जी.टी.बी. नगर (किंग्जवे कैंप), दिल्ली-9
फोन- 9313504512, 9868054821
फ्रेंचाइजी पूछताछ
(मो.) - 09313504512

हिंदुस्तान टाइम्स
नई दिल्ली
9 मार्च, 2005

प्रवेश पक्का
1 अप्रैल से कोचिंग
बी.एड.
डी.यू.-आईपी-इग्नू-मेरठ
सिग्मा एजुकेशन - 55253418
एल.जी. 1 थापर चैंबर, आश्रम
सिगमा (पूर्वी दिल्ली) - 9312524596
एच-17, विकास मार्ग, लक्ष्मी नगर
लक्ष्य इंस्टीट्यूट (रोहिणी) 9811376592
डी ब्लाक, मेन मार्केट, प्रशांत विहार

टाइम्स आफ इंडिया
नई दिल्ली
9 मार्च, 2005

सांध्य टाइम्स
नई दिल्ली
27 जून, 2005

2) पूरे देश में इग्नू के मुख्यालय और क्षेत्रीय केंद्रों में परिपत्र जारी करना जिसे नीचे प्रस्तुत किया गया है :

विषय : अनाचार प्रकोष्ठ (Malpractices Cell)

इन्दिरा गांधी राष्ट्रीय मुक्त विश्वविद्यालय (इग्नू) के कुलपति ने भोले-भाले विद्यार्थियों को लूटने वाली संस्थाओं द्वारा गुमराह करनेवाले इग्नू के विज्ञापनों/प्रचार पर नियंत्रण करने के लिए एक अनाचार प्रकोष्ठ की स्थापना की है।

अनुरोध किया जाता है कि सहभागी संस्थाओं/मल्टीमीडिया अध्ययन केंद्रों/टेलीलर्निंग केंद्रों/अधिकृत पुस्तक डिपो/श्रव्य-दृश्य कैसेटों के खुदरा व्यापारियों/समझौता ज्ञापनों के ब्यौरों आदि की एक सूची अधोहस्ताक्षरी (undersigned) के पास 15 नवंबर, 1999 तक अवश्य भेजने का कष्ट करें।

जब कभी ये संस्थाएँ इस प्रकार का विज्ञापन देती हैं कि वे सम्बन्धित कार्यक्रम करने के लिए इग्नू द्वारा प्राधिकृत हैं तो इग्नू की पत्र संख्या और तारीख प्राधिकृत हस्ताक्षरकर्ता के नाम के साथ भी प्रकाशित की जानी चाहिए अन्यथा यह माना जाएगा कि संस्था अनधिकृत है और अनाचार प्रकोष्ठ द्वारा आवश्यक कार्रवाई की जाएगी।

यदि कोई कर्मचारी किसी भी प्रकार का भ्रामक विज्ञापन/बैनर/पोस्टर अथवा किसी अन्य मीडिया में इस प्रकार की सामग्री देखता है तो वह अनाचार समिति के निम्नलिखित सदस्यों से शिकायत कर सकता है :

		फोन नं.
1.	श्री क	--
2.	श्री ख	--
3.	श्री ग	--

हस्ताक्षर

प्रभारी अधिकारी

वितरण : सभी विभागाध्यक्ष

3) इग्नू मुख्यालय और भारत में सभी क्षेत्रीय केंद्रों में विभिन्न महत्त्वपूर्ण स्थानों में होर्डिंग लगाए गए जिनमें अनाचार प्रकोष्ठ के सदस्यों के सम्पर्क नम्बर दिए गए थे।

4) धोखेबाज संस्थाओं के खिलाफ प्रकोष्ठ और इसके कार्यसंचालन के बारे में

विद्यार्थियों में जागरूकता उत्पन्न करने के लिए नियमित अंतरालों पर प्रेस विज्ञप्तियाँ जारी की गईं।

5) विश्वविद्यालय की सभी विवरणिकाओं और प्रवेश फार्मों में इस प्रकोष्ठ के सम्बन्ध में "आम लोगों के लिए सूचना" प्रकाशित की गई जो निम्नलिखित है :

इन्दिरा गांधी राष्ट्रीय मुक्त विश्वविद्यालय
मैदानगढ़ी, नई दिल्ली-110068

आम जनता के लिए सूचना

इन्दिरा गांधी राष्ट्रीय मुक्त विश्वविद्यालय (इग्नू) के विभिन्न शैक्षिक कार्यक्रमों में प्रवेश लेनेवाले विद्यार्थियों को सलाह दी जाती है कि वे केवल नई दिल्ली में इग्नू मुख्यालय अथवा इग्नू के क्षेत्रीय केंद्रों से सम्पर्क करें। बिचौलियों के साथ सम्पर्क करनेवाले विद्यार्थी ऐसा अपने जोखिम पर करेंगे।

फिर भी विद्यार्थियों को लूटनेवाली धोखेबाज संस्थाओं के सम्बन्ध में किसी विशिष्ट शिकायत के बारे में अनाचार प्रकोष्ठ के निम्नलिखित में से किसी भी सदस्य से सम्पर्क किया जा सकता है :

	फोन नं.
1. श्री क	--
2. श्री ख	--
3. श्री ग	--

इसके अतिरिक्त 6966588, 6862321 पर शिकायतें फैक्स भेजकर कर सकते हैं अथवा ignou@giasd101.vsnl.net पर ई-मेल कर सकते हैं अथवा website:http://www.ignou.ac.in का प्रयोग कर सकते हैं।

6) विद्यार्थियों को सावधान करने के लिए विश्वविद्यालय के ज्ञानदर्शन टी.वी. चैनलों ने ब्यौरा भी दिखाया।
7) विश्वविद्यालय की वेबसाइट ने मुख्य पृष्ठ पर सूचना प्रकाशित की।
8) संस्थाओं में दौरा करने के लिए उड़न दस्तों को लगाया गया।

प्रकोष्ठ ने निम्नलिखित अनाचारों पर गौर किया :

1. इग्नू के विभिन्न पाठ्यक्रमों में प्रवेश देने के लिए निजी संस्थाओं द्वारा अधिक शुल्क लेना।
2. इग्नू उपाधि प्राप्त करने के लिए अपने पाठ्यक्रम को अनिवार्य बनाना।
3. अधिक शुल्क लेकर परीक्षा फार्म जमा कराना, हाल टिकट देना, सत्रीय कार्य

के हल प्रदान करना, हल किए गए प्रश्नपत्र देना।

4. इग्नू पाठ्यसामग्री पर गाइडें और संदर्भ पुस्तकें ।
5. अपने विज्ञापन में अपने केंद्र को मान्यता प्राप्त केंद्र बताना जबकि केंद्र की मान्यता बहुत पहले समाप्त हो चुकी है।
6. इग्नू से सम्बन्धित अनेक वेबसाइटें जैसे ignouprojects.com, ignouassignment.com आदि।

निष्कर्ष

अंत में यह महसूस किया गया कि ऐसे विज्ञापनों और संस्थाओं पर नियंत्रण करना सम्भव नहीं है तथा विद्यार्थियों को समाचारपत्रों में ऐसी सूचनाओं के प्रति सावधान और सचेत किया जा सकता है।

* *

नया मीडिया

सौजन्य : सुरोजीत महलानोबिस

पूर्व में टाइम्स ऑफ इंडिया में कार्यरत और इस समय इग्नू में मीडिया सलाहकार

लगभग दस वर्ष पहले भारतीय पत्रकार समाचार क्षेत्र में इस बात से परेशान थे कि वे सामग्री को अपने सामान्य समाचार डेस्कों तक तेजी से कैसे पहुँचाएँ ताकि पृष्ठ तैयार करने की प्रगति प्राप्त की जा सके। अंतिम समयसीमा में कार्य पूरा न करना इतना अपवित्र था जितना किसी अति विशिष्ट व्यक्ति का साक्षात्कार लेने के लिए निर्धारित समय का छूट जाना। अतः वे अपना ब्यौरा भेजने में (समाचार भेजने में) देरी करने का कभी जोखिम नहीं उठा सकते थे।

आसानी से उपलब्ध माध्यम (साधन) तब सर्वत्र मौजूद परंतु प्रायः लड़खड़ाते टेलीफोन अथवा टेलीप्रिंटर थे। दोनों मामलों में पृष्ठों के लिए समाचार वितरण को प्राप्त करने में लंबे शारीरिक कार्यों की जरूरत पड़ती थी जिसमें ज्यादा समय लगता था और प्रायः अंतिम समय सीमा निकल जाती थी।

टेलीप्रिंटरों के मामले में सब कुछ मुश्किल था और यह कार्य बहुत ज्यादा शारीरिक श्रम से भरा था। आपको टेलीप्रिंटर मशीनों से मुद्रित सामग्री एकत्र करनी पड़ती थी, क्लर्कों को प्रेसों में डिस्पैच के आने का समय नोट करना पड़ता था और उसे नए डेस्कों को भेजना पड़ता था, चपरासियों अथवा छोटे कर्मचारियों को लंबी टेलीप्रिंटर शीटों को जिसमें समाचार होते थे, डेस्क पर विभिन्न संपादकों के लिए आवश्यक टुकड़ों में काटना पड़ता था। संपादक सामग्री की गुणवत्ता के बारे में हमेशा भ्रम में रहते थे क्योंकि उनको उन्हें संपादित करना और टेलीप्रिंटर प्रतियों में अनावश्यक पत्रों को हटाना या शब्दों को छोड़ना पड़ता था तथा समाचारों को अंतिम रूप देने से पहले हार्ड-एडिट प्रति के प्रूफ की जांच करनी पड़ती थी तथा उन्हें इंतजार कर रहे खाली पृष्ठों पर रखना पड़ता था।

उस समय विश्वव्यापी वेब [(www (1993)] लिपिबद्ध हुआ था। अमेजन (नदी) को तब संयुक्त राज्य अमेरिका में सहायक नदियों वाली विशाल नदी के रूप

में नहीं देखा जा रहा था बल्कि उसे अब विश्व के नेटवर्क वाले बड़े ई-कामर्स घराने के रूप में देखा जा रहा था। यद्यपि आई बेज़ (I Bays) और आई पोड्स (ipods) को केवल मुद्रण कला की त्रुटियाँ माना जाता था, परंतु समय तेजी से बदला। ज्ञान के लालची इच्छुक लोग जीवन में प्रत्येक अंश को प्रयोग करने के लिए उसे ग्रहण करने हेतु बिल्कुल तैयार थे।

आज, एक दशक के बाद भी यदि आप सेकंड के कम समय में अपनी सामग्री नहीं भेज सकते तो आपको दौड़ में बहुत पीछे समझा जाता है। ध्यान रखिए, यदि आप असफल रहते हैं तो आपकी आलोचना करने की संभावना अधिक होती है। आज हमारे जीवन में नया मीडिया प्रवेश कर गया है। हममें से हरेक व्यक्ति/पाठकों/दर्शकों को सूचना के प्रसार के लिए और दूसरों को चिढ़ाने के लिए लगातार जबरदस्त दौड़ और होड़ में है।

और ज्यादा क्रांतियाँ

सूचना प्रौद्योगिकी की निरंतर खोज हो रही है। इसने अपनी उपलब्धियाँ सोलहवीं शताब्दी के यूरोप में औद्योगिक क्रांति से आरंभ कीं। दो और महान क्रांतियाँ हमारे बीच कभी भी होने के लिए बिल्कुल तैयार हैं।

पहली क्रांति है—एक लाभकारी कार्य के रूप में ब्लागिंग का आंरभ होना जो एक नागरिक (शहरी) पत्रकार को सभी के लिए समाचार भेजने में उसकी मदद करेगा ताकि ब्लागर को इतना मुनाफा हो जो उसे ब्लागिंग करने के लिए प्रेरित करे। दूसरी क्रांति, ई-मेल सुविधा है जो पहले ही सूचना का सर्वाधिक दक्ष उपकरण है। हम शीघ्र ही अत्यंत बड़े पैमाने पर सेलफोनों पर सर्फिंग आरंभ करेंगे। अब हैंडसेटों में इंटरनेट सम्पर्क महंगे सेलफोनों के धनी खरीदारों की विलासिता की वस्तु नहीं रहेगा। इसके बजाए यह सूचना का उत्कृष्ट नमूना बन जाएगा और यह सुनिश्चित करेगा कि किसी कम आय समूह के परिवार के लिए सूचना का प्रसारण किस प्रकार प्रौद्योगिकी संगम के शो बिज़ में केवल बटन दबाने से बन सकता है।

21वीं शताब्दी की गूँज

इस प्रकार नया मीडिया वरदान है। शिक्षाविद डॉ. आर.श्रीधर कहते हैं कि आप अपनी जेब में दुनिया ले जा सकते हो। द्वारका स्थित एपीजे इंस्टीट्यूट ऑफ मास कम्यूनिकेशन द्वारा बुलाई गई जनसंचार के अध्यापकों, प्रशिक्षकों, सोफ्टवेयर इंजीनियरों और सूचना प्रौद्योगिकी शिक्षकों की हाल ही में आयोजित हुई कार्यशाला में उन्होंने कहा कि रेडियो ने ध्यान केंद्रित करने के लिए नए क्षेत्र पा लिए हैं। वे समर्पित समुदायों जैसे रेडियो बाल क्लबों, रेडियो कृषि मंचों, रेडियो विज्ञान क्लबों

आदि के समीप आ रहे हैं। इन्होंने परस्पर संभावनाओं के साथ आसानी से लक्ष्य समूह भी पैदा कर लिए हैं। बाहर भी रिकार्डिंग सम्भव हो गई है जैसा कि हम इसे बाहरी प्रसारणों में होता देखते हैं। इग्नू की ज्ञानवाणी ने सामुदायिक रेडियो के लिए वातावरण तैयार करने में सफलता प्राप्त कर ली है। हालांकि कभी-कभी तकनीकी विफलताओं के कारण प्रसारण को सुना नहीं जा सकता।

पत्रों के माध्यम से परंपरागत परस्पर सम्बन्ध अहम से भरे बन गए अथवा ऐसे पत्र जो पढ़ने के लिए निष्क्रियता के साथ प्रायः रद्दी की टोकरियों में फेंक दिए जाते थे, अब उन्हें नजरअंदाज नहीं किया जा सकता है। क्योंकि पत्र लेखक माइक्रोफोन पर सीधे एक-दूसरे से बात कर रहा होता है। फोन-इन, फोन-आउट, वीडियो कांफ्रेंसिंग, आडियो टेलीकॉफ्रेंसिंग, आडियो स्ट्रीमिंग सेल फोन में रेडियो, कम्प्यूटरों पर रेडियो और वार्ताओं का प्रसार चित्र तथा ध्वनि खेल प्रदर्शन (sounds game shows) आज सभी सम्भव हैं। एक-दो वर्षों में हम नए मीडिया की नई पीढ़ी में होंगे।

यदि ग्रीष्म ऋतु यहाँ है तो कहीं दूर वसंत का समाचार भी होगा। नए मीडिया ने टी.वी. के सारे समाचारपत्रों को नया जीवन प्रदान किया है। समाचार पृष्ठ अब प्रभावशाली पठनीय सामग्री सुनिश्चित करते हैं। सम्पादकीय विज्ञापनों को अबतक तिरस्कार से देखा जाता था जब उन्हें नए समाचारों में रखा जाता था, उन्होंने अब अंदरूनी प्रहार करना शुरू कर दिया है। अनेक प्रतिष्ठित समाचारपत्र उन्हें अपने अग्रिम पृष्ठों (मुख पृष्ठों) में स्थान दे रहे हैं, ताकि समाचार की अवधारणा के रूढ़िवाद को तोड़ा जा सके। इस प्रकार के समाचारपत्र सुझाव देते हैं कि यदि लेख जो असंख्य पाठकों को उनके निजी अथवा व्यावसायिक हित के प्रति आकर्षित करते हैं अथवा संगठन के लिए संपत्ति सृजित करते हैं तो उन्हें क्यों फेंक दिया जाए। यदि उनकी स्थापना कुछ सत्य पर की गई है तब उन पर हमारी दृष्टि क्यों न जाए।

इस प्रकार विज्ञापनों ने मुख पृष्ठ का ध्यान आकृष्ट करना शुरू कर दिया है। यदि आप बैठकर समाचार की गुणवत्ता की परिभाषा करें तो आप इस तर्क पर बारीकी से गौर करेंगे कि जितनी मसालेदार शीर्ष पंक्ति होगी समाचार सामग्री उतनी की आकर्षक होगी।

इस प्रकार समाचार बिक्री योग्य बन जाते हैं। चूँकि ये बिक्री लायक बन जाते हैं, इसलिए इनका समाचार पृष्ठों में होना जरूरी है। समाचारपत्रों का ध्यान अपने सामाजिक कर्तव्यों से हटकर समाचारपत्रों को वस्तु समझने में बदल गया है जिसकी विषयसूची पाठक निश्चित करेंगे। अब प्रतिदिन के समाचारपत्रों में छपी सामग्री आपको यह बताने के लिए चीख-चीख कर कहती है "केवल मनोरंजन के तौर पर पढ़ाओ और प्रचार करो।"

नए मीडिया ने एडुसैट से अपना नवीनतम रूप लिया है, जिसे इग्नू ने भारत

सरकार के साथ सह-प्रायोजित किया है। इग्नू ने भारतीय अंतरिक्ष अनुसंधान संगठन के साथ एडुसैट को विश्वविद्यालय कार्यक्रमों के लिए मैत्रीपूर्ण बनाने हेतु उत्प्रेरक के रूप में कार्य किया। समर्पित उपग्रह चैनलों के माध्यम से न केवल महंगे से महंगे कक्षा व्याख्यान अब प्रसारित किए जा सकते हैं बल्कि आप अपने सैलफोनों की गुणवत्ता भी सुधार सकते हैं। इग्नू के पूर्व कुलपति प्रो. एच.पी.दीक्षित ने इस लेखक को इस वर्ष के आरंभ में कहा कि, 'वह दिन दूर नहीं जब हम एडुसैट सुविधाओं का प्रयोग करके लैपटॉप प्राप्त करेंगे जिनकी कीमत प्रति लैपटॉप 100/-रुपए होगी। मेसाच्यूट्स के वैज्ञानिक ने एक अंतरराष्ट्रीय सेमीनार में हाल ही में बताया कि उसने $100 की कीमत से एक लैपटॉप बनाया। अधिक उत्पादन और वितरण करके भारत में इसका मूल्य 100/-रूपए से भी कम हो सकता है।'

हालांकि इस समय यह कुछ-कुछ एकतरफा आकांक्षा है, फिर भी अवसर असीम हैं। डायरेक्ट-टू-होम (DTH) टेलीविजन ने हमारे लिए यह सोचना सम्भव बना दिया है कि यह दावा असम्भव नहीं हैं। आइए, ब्रिटिश सूचना प्रौद्योगिकी वैज्ञानिक जॉन नॉटन के पिछली फरवरी में लंदन में दिए गए यू.के. मार्केटिंग सोसाइटी के वार्षिक व्याख्यान को सुनें और यह जाने कि इंटरनेट के क्षेत्र में क्या कुछ हो रहा है।

"आज 16 वर्ष (1993 के बाद) हो गए, कोई नहीं जानता कि वेब कितना बड़ा है...गूगल आठ करोड़ पृष्ठों की सूची बनाने का दावा कर रहा था परंतु यह तो केवल बहुत छोटा-सा भाग है। कुछ विशेषज्ञों का अनुमान है कि वेब उससे 400 गुणा बड़ा है। अतः प्रकाशन माध्यम (publication medium) जिसमें 3000 करोड़ से भी ज्यादा पृष्ठ हैं, यह दस वर्षों से भी कम समय में अस्तित्व में आया है और यह बढ़ता ही जा रहा है तथा मई, 2025 तक यह 25,000 पृष्ठ प्रति घंटा हो सकता है। यह किसी भी मानदंडों से हमारे पर्यावरण का एक क्रांतिकारी रूपांतरण है।"

वास्तव में वेब का असीमित आकाश है। एक इंटरनेट विशेषज्ञ सायरी चहल जिन्होंने एपीजे सेमीनार में व्याख्यान दिया और कहा कि "आप विश्व में कहीं भी कितने ही पृष्ठ प्रयोग करके किसी से भी सम्पर्क कर सकते हैं क्योंकि स्थान (अंतरिक्ष) की कोई सीमा नहीं है।" सायरी के प्रस्तुतीकरण को ब्रिटिश वैज्ञानिक के निष्कर्षों द्वारा अच्छे ढंग से प्रमाणित किया गया।

विश्व विषमताओं से भरा है

नए मीडिया ने एक नई अवधारणा को भी जन्म दिया है जिसके बारे में अन्य कंप्यूटर वैज्ञानिक जॉन सीले ब्राऊन ने इसे 'अंतवाद' (endism) बताया है। इसका अर्थ है कि लोगों ने अचानक विश्वास करना शुरू कर दिया कि सीडी-रोम के आने से मुद्रित पुस्तकें निरर्थक हो गई हैं। टी.वी. के आने से, सभी रेडियो और चलचित्रों (movies)

के अंत की घोषणा की गई थी कि टी.वी. समाचारों के कारण, समाचारपत्र निश्चय ही समाप्त हो जाएँगे। परंतु ऐसा नहीं हुआ। नया मीडिया वास्तव में मीडिया के इन परंपरागत रूपों को और भी मजबूत करेगा।

सीडी रोम ने विकल्प सृजित किए जिसने स्थान की समस्या को हल कर दिया। पर्याप्त स्थान को घेरे महंगे इन्साइक्लोपीडिया ब्रिटेनिका के 53 कठोर जिल्दबंद खंडों को याद कीजिए जिसमें हर वर्ष कुछ पृष्ठ जोड़े जाते हैं? अब यह प्रकाशन छह छोटे सीडी-रोम में उपलब्ध है और इसका मूल्य मुश्किल से 2000/- रुपए है। सीडी ने अत्यधिक मूल्यों को सुविधाजनक स्तरों पर ला दिया है।

स्थायी खुशी के लिए ब्लाग

यह अकेला उदाहरण नहीं है। अनुसरण करने के लिए कई और भी हैं जो इसे स्थायी वसंत (खुशी) बनाना चाहते हैं। दिल्ली निवासी वकील संयुक्ता बासु ने कार्यशाला में एक नई जानकारी दी। उन्होंने कहा कि हम एक नए स्थापित विश्व में हैं जहाँ प्रत्येक व्यक्ति विश्व प्रकाशक (global publisher) हो सकता है।

आपकी कापी का कोई पुनरीक्षण (जांच) नहीं, कोई झकझक नहीं और न ही प्रकाशक का कोई आदेश, न ही शक्की संपादक के द्वारा जांच। जीवन सरल है। आप जो महसूस करते हैं उसे बोल सकते हैं, लिख सकते हैं, चिल्ला सकते हैं। आपका डेस्कटाप आपका उपकरण है और इंटरनेट सम्पर्क वाहक (माध्यम) है जो आलसी अंतर्मुखी व्यक्ति को विचारों और टिप्पणियों के ऊँचे स्वर में बोलने वाले प्रकाशक में बदल देता है और ये विचार करोड़ों लोगों तक किसी भी क्षण पहुँच जाते हैं। वास्तव में आप केवल इंटरनेट का बेहतर प्रयोग करते हैं जो आपके समाचार को किसी समाचार कार्यालय में बिना किसी मानव नियंत्रित परिचालन विभाग (circulation department) के पूरी दुनिया में ले जाता है तथा यह इंटरनेट सम्पर्क का प्रयोग कर रहे करोड़ो लोगों और अन्य इसी प्रकार के संभावित समूह के पास पहुंच जाता है।

ब्लाग नवीनतम और हाल ही की क्रांति है जिसे एक नया रूप मिला है। वेबसाइट पाने के लिए आपको भारी-भरकम रकम चुकानी पड़ती है और आकर्षक पृष्ठ तैयार करने के लिए आप निवेश करते हैं और कमाना चाहते हैं। ब्लॉग विशेषरूप से आपका अपना है। अधिकतर वेबसाइटें उन्हें प्रदान कर रही हैं। आप इसमें लिखते हैं, इसमें बोलते हैं, इसमें चीखते-चिल्लाते और ठहाका मारते हैं। बासु का कहना है कि आप प्रबलरूप से जो महसूस करते हैं जबतक वह पूरी तरह से देश के कानूनों के मानकों के अंदर है तबतक आपको कोई भी कुछ नहीं कहेगा। इस समय ब्लागों के लिए कुछ भी भुगतान नहीं किया जाता परंतु वह समय दूर नहीं

जब समाचारपत्र अथवा लोग ब्लाग की गई सूचना का प्रयोग करने के लिए पैसा देंगे। हो सकता है यह शीघ्र ही स्वतन्त्र पत्रकारों के लिए आजीविका का सुनिश्चित सहारा बन जाए।

वास्तव में यह केवल शुरुआत है। कई बातें जल्दी ही आपके हैंडसैट अथवा इंटरनेट सम्पर्क में होने वाली हैं, जिनमें एडुसैट और डी.टी.एच. सुविधाएँ भी आ जाएँगी। विश्व में जहाँ लिखने में परिश्रमपूर्ण अनुसंधान और कड़ी मेहनत करनेवालों के साथ धोखाधड़ी होती है, वहाँ सूचना प्रौद्योगिकी की क्रांतियाँ सृजकों के घटे हुए मनोबल को ऊँचा करने के लिए प्रतीक्षा कर रही हैं।

* *

पारिभाषिक शब्द

सौजन्य

- जयश्री एन.जेठवानी, नरेंद्र नाथ सरकार, पब्लिक रिलेशन्स, 2003
- एम.वी.कामथ, प्रोफेशनल जर्नेलिज़्म, 1982
- पत्रकारिता एवं जनसंचार (पी.जी.जे.एम.सी.) पर इन्दिरा गांधी राष्ट्रीय मुक्त विश्वविद्यालय की पाठ्यक्रम सामग्री, 2004

एंगल : समाचार के लिए कोण अथवा दृष्टिकोण अथवा संवाददाता द्वारा दिया गया समाचार।

आर्ट : किसी समाचारपत्र का उदाहरण अथवा कला कार्य (art work)।

एसाइन्मेंट : संवाददाता को दिया जानेवाला कार्य।

ए साइज पेपर : आई.एस.ओ. अंतरराष्ट्रीय पेपर आकारों की शृंखला में तैयार कटे हुए आकार। AO (841X1189mm) पहला आकार होता है और क्षेत्रफल में एक वर्ग मीटर होता है।

एकांउट : जनसम्पर्क अथवा विज्ञापन एजेंसी का ग्राहक।

एनालॉग पिक्चर्स : संख्यात्मक मूल्यों (numerical values) से सम्बन्धित वैद्युत वोल्टता (electrical voltage) द्वारा निर्मित की जानेवाली कंप्यूटर स्क्रीन, फिल्म अथवा वीडियो पर चित्रों का निरंतर प्रवाह।

एनीमेशन : चित्रकारी (drawings) से चलचित्र निर्माण प्रत्येक चित्रकारी स्थिति में बहुत कम परिवर्तन दिखाती है, ताकि उनमें से एक शृंखला एक निश्चित गति का प्रभाव दे सके।

आर्टवर्क : रेखा चित्रण (line drawing), चित्र और निरंतर भाव अथवा अर्धभाव का चित्र जो पुनःनिर्माण के उद्देश्य के लिए होता है, कला कार्य कहलाता है। कला कार्य का संकेताक्षर कला (art) है।

श्रव्य-दृश्य संचार : मुद्रित सामग्री के विपरीत, श्रव्य-दृश्य संचार इलेक्ट्रॉनिक उपकरणों द्वारा संचार है जिसमें साधारणतौर पर स्क्रीन (पर्दे) और दृश्य बिंबों (चित्रों) का प्रयोग होता है।

बैंक : इसे डेक (deck) भी कहते हैं। मुख्य समाचार (headline) का एक भाग जो टॉप (ऊपरी) अथवा क्रास लाइन या प्रायः दोनों के लिए होता हैं।

बैनर : मुखपृष्ठ (front page) **के** ऊपर सभी कालमों तक फैला मुख्य समाचार। इसे बाइंडर (binder) नहीं समझना चाहिए जोकि अंदर के पृष्ठ का मुख्य समाचार होता है। बैनर को स्ट्रीमर (streamer) भी कहा जाता है।

बीट : समाचार संग्रह करने के लिए संवाददाता को दिया गया विशिष्ट क्षेत्र अथवा संवाददाता द्वारा दौरा किए गए विभिन्न स्थान।

बाडी : समाचार का एक भाग जो लीड (lead) के बाद आता है। उस टाइप का नाम जिसमें नियमित पठन सामग्री को व्यवस्थित (set) किया जाता है।

बाक्स : बाक्स बनाने के लिए बार्डर में रखी जानेवाली सामग्री। अनेक आधुनिक बाक्सों में केवल ऊपरी और निचले बार्डर होते हैं। उन्हें सम्बन्धित समाचार के बीच रखा जाता है, ड्राप-इन कहलाते हैं।

ब्लीड : पृष्ठ के छोर से गुजरनेवाला चित्र अथवा फोटोग्राफ। निर्देश का पालन करने के लिए मुद्रक को दिया जानेवाला निर्देश।

ब्लर्ब : प्रचार सामग्री

ब्रायल डाउन : सही अनुपातों में समाचार को कम अथवा संक्षित करना।

बार्डर : डिस्पले (प्रदर्शन) में बाक्स बनाने के लिए प्रयोग किया जानेवाला लाइनरूल।

ब्रेक : नए समाचार की तरह, जब कुछ नया घटित होता है।

बुलेटिन : प्रमुख समाचारों का संक्षिप्त विवरण। यह आमतौर पर 40 से 50 शब्दों से अधिक नहीं होता।

बाईलाइन : समाचार पर किए जानेवाले हस्ताक्षर जिससे यह पता चलता है कि इसे बतानेवाला कौन है।

बिट मैप इमेज : ये चित्र अथवा बिंब (छवियाँ) छोटे-छोटे वर्गों के आयताकार ग्रिड द्वारा बनाए जाते हैं जिन्हें पिक्सल (चित्र अवयव) कहा

जाता है। हर पिक्सल में वह जानकारी होती है जो यह बताती है कि यह काला अथवा सफेद है अथवा इसके रंग का स्तर क्या है।

कैमरा रैडी कॉपी : ऑफसेट मुद्रण के लिए पूरा पृष्ठ अथवा प्रकाशन जो पाठ (टैक्स्ट) और ग्राफिक्स के साथ होता है और प्लेटें बनाने की प्रक्रिया में पहले चरण के रूप में जिसका चित्र लिया जा सकता है।

करैक्टर करनिंग : दो निकटवर्ती अक्षरों के बीच स्थान (space) को समायोजित करना ताकि स्थान के साथ अक्षर को सही स्थिति में लाया जा सके।

क्लाइन्ट : संस्था अथवा व्यक्ति जो विशिष्ट सेवाओं के लिए बाहरी एजेंसी की सेवाएँ लेता है।

कम्यूनिकेशन : मौखिक और/अथवा दृश्य प्रतीकों के माध्यम से एक व्यक्ति से दूसरे व्यक्ति को सूचना, विचार और दृष्टिकोण को संप्रेषित करने की कला। इसके लिए प्रेषक, संदेश और प्रापक (रिसीवर) की आवश्यकता पड़ती है।

कन्टेन्ट एनालिसिस : प्रकाशनों/विज्ञापनों/संदेशों को पढ़ने की तकनीक जिससे किसी संस्था अथवा विचार के प्रति संदर्भों का पता लगाया जा सके और फिर रूझानों और अभिमतों के बारे में जानने के लिए विषयवस्तु का कोडीकरण और विश्लेषण किया जाता है।

कन्टीजेन्सी प्लान : कुछ विशिष्ट घटनाएँ घटित होने पर पहले से ही बनाई गई लिखित योजना को लागू करना।

कन्टीन्यूएस टोन : एक श्वेत-शाम अथवा रंगीन चित्र या फोटोग्राफ। इसमें सबसे अधिक रोशनी वाले और सबसे अधिक अंधेरे वाले छापों के बीच अनेक शेड (रंग) होते हैं और यह बिन्दुओं में विभाजित नहीं होता है।

कॉरपोरेट कम्यूनिकेशन : किसी निगम के अलग-अलग भागों के लिए तैयार किए गए कार्यकलापों की अपेक्षा पूरे निगम के जनसम्पर्क कार्यकलापों की समूची श्रृंखला।

क्रिएटिड इवेन्ट : एक ऐसी घटना अथवा अवसर जिसे समाचार संकलन करने के लिए जनसम्पर्क कार्मिकों द्वारा सृजित किया जाता है।

कैप्स : कैपिटल और लोवर केस।

कैप्शन : चित्रों और फोटो के साथ विस्तृत सामग्री।

सैंटर स्प्रैड : समाचारपत्र के मध्य पृष्ठ (सैन्टर फोल्ड) में दो पृष्ठ।

क्लीन कॉपी : बिना किसी त्रुटियों के कॉपी अथवा वह कॉपी जिसका अच्छी तरह संपादन किया गया हो।

क्लीपिंग : संदर्भ के लिए समाचारपत्रों से काटे गए समाचार/सूचनाएँ।

कॉपी : पत्रकारों द्वारा लिखी गई सामग्री के लिए सारभौम रूप से ज्ञात शब्द।

कॉपी डैस्क : जहाँ कॉपी का संपादन किया जाता है, उसे काटा जाता है और शीर्षक दिया जाता है। यह प्रूफ रूम से भिन्न होता है। क्योंकि प्रूफ रूम में मुद्रण कला सम्बन्धी गलतियाँ ठीक की जाती है।

कॉपी एडिटर : उप-संपादक

कॉरेस्पोन्डेन्ट : वह रिपोर्टर जो अपने काम पर, नगर से बाहर होता है तथा अपने मुख्य कार्यालय से सम्पर्क बनाए रखता है।

कवर : किसी घटना की सूचना/समाचार एकत्र करना अर्थात पूरी सूचना की रिपोर्टिंग करना।

क्रैडिट लाइन : किसी तस्वीर, चित्र, फोटोग्राफ का स्रोत बताना और इसके लिए उत्तरदायी व्यक्ति को श्रेय देना। क्रेडिट लाइन फोटोग्राफ के लिए होती है और बाईलाइन समाचार के लिए होती है।

क्रोप : किसी दृश्य प्रभाव को तीव्र बनाने के लिए फोटोग्राफ के अनावश्यक भागों को काटना।

क्रॉस हैडिंग : यह छोटे टाइप में शीर्षक होता है। इसे उपशीर्षक भी कहते हैं।

कब : एक अप्रशिक्षित संवाददाता, नौसिखिया पत्रकार।

कट : नक्काशी करना। किसी कापी अथवा समाचार को काट-छांट कर अनावश्यक भागों को हटाना।

डाटा : अपरिष्कृत तथ्य अथवा प्रेक्षण। वास्तविक सामग्री जिसका प्रयोग चर्चा अथवा निर्णय-निर्धारण के आधार के रूप में किया जाता है।

डैडलाइन : इसका अर्थ समय की निश्चित अवधि से होता है। निर्धारित समय तक समाचार की कापी (पांडुलिपी) समाचार के संपादक अथवा प्रसारण/टेलीकास्ट निर्माता के हाथों में पहुँच जानी चाहिए।

डायरेक्ट मेल : पत्रों द्वारा विचारों, उत्पादों अथवा सेवाओं का संवर्धन या विज्ञापन जो विशेष लोगों को भेजा जाता है।

डिस्कलेमर : सामान्यतौर पर मुद्रित सामग्री में स्रोत के संबंध में किसी कथन के लिए जिम्मेदारी को स्वीकार न करने के लिए वक्तव्य।

डेट लाइन : वह स्थान जहाँ से समाचार भेजा जाता है और तारीख का भी उल्लेख होता है।

डी/सी : डबल कॉलम।

डेस्क : उपसंपादक का डेस्क (मेज)।

डोप : आमतौरपर यह आंतरिक सूचना होती है जैसे—"इस समाचार के सम्बन्ध में आंतरिक सूचना या जानकारी क्या है?"

ड्रॉप : इसका प्रयोग यह उल्लेख करने के लिए किया जाता है कि अक्षर बड़े टाइप में होना चाहिए। यह किसी समाचार के पहले पैराग्राफ में पहला अक्षर होता है और इस प्रकार प्रभावकारी डिस्पले (सजावटी छपाई) के उद्देश्य से सैट किया जाता है।

ड्राप हैडलाइन : वह मुख्य शीर्षक जिसमें पहली पंक्ति बाईं ओर शुरू होती है और दूसरी पंक्तियाँ इसके नीचे से आरंभ होती हैं तथा ये पंक्तियाँ इसके आरंभ की सीध के दाईं और होती हैं।

डमी : यह एक प्रकार का खाका होता है और इससे स्वतन्त्ररूप से समाचारों के ब्यौरों की स्थिति की रूपरेखा तैयार की जाती है और पृष्ठ पर चित्रों का खाका तैयार किया जाता है। साथ ही विज्ञापन और तस्वीरें भी होती हैं।

इयर्स : समाचार के पहले पृष्ठ पर नाम पट्टिका के दोनों तरफ बॉक्स जिनमें विज्ञापन होते हैं।

इमबारगो : किसी समाचार के प्रकाशित होने का अंतिम निर्धारित समय।

एक्सक्लूसिव : वह समाचार जो उस दिन किसी अन्य अखबार में न छपा हो। इसे स्कूप भी कहते हैं।

इवेल्यूएशन : किसी कार्यक्रम अथवा अवधारणा की सफलता या असफलता का मापन।

एक्सपोज़र : वह विषयवस्तु जिससे लक्ष्य समूह अथवा दर्शक, जनसम्पर्क या विज्ञापन के प्रयासों द्वारा किसी व्यक्ति, कार्यकलाप, विषय अथवा संगठन से परिचित होते हैं।

फिल्म स्ट्रिप : एक ऐसा दृश्य साधन जो फिल्म की छोटी स्ट्रिप से बना होता है जिसपर अलग से प्रक्षिप्त चित्र मुद्रित किए जाते हैं जो

आमतौर पर साउंड ट्रैक अथवा श्रव्य टेप के साथ मिले होते हैं।

फाइनेंशियल पब्लिक रिलेशन्स : शेयरधारकों, प्रतिभूति विशलेषकों (security analysts), सांस्थानिक निवेशकों, स्टॉक एक्सचेंजों आदि के साथ संप्रेषण करने के लिए सार्वजनिक नियंत्रण वाली कंपनी के प्रयास।

फॉरमेट : किसी प्रकाशन का आकार, सज्जा और सामान्य रूपरंग।

फोर्थ एस्टेट : आमतौर पर यह प्रेस के लिए प्रयोग होता है। यह शब्द इंग्लैंड से लिया गया है जहाँ लार्ड टैम्पोरल (House of Lords), लार्ड स्प्रिच्युल (पुरोहित वर्ग) और निम्न सदन (House of commons) राज्य के तीन स्तम्भ हैं। प्रेस द्वारा दबदबे और प्रभाव के उपयोग को देखते हुए यह माना गया कि प्रेस चौथा स्तम्भ (fourth estate) है।

गैली प्रूफ : तैयार सामग्री के प्रूफ को गैली में डालना।

ग्लॉसी : फोटोग्राफ का चमकदार प्रिंट।

गेटकीपर : वह बोली जिसका प्रयोग लोगों अथवा समूहों के लिए किया जाता है जो एक संचार नेटवर्क में सूचना देते हैं। इसे अभिमत नेता (opinion leaders) भी कहा जाता है। वे व्यक्तियों के पास सूचना पहुँचने से पहले इसे स्वीकार अथवा अस्वीकार करते हैं। गेटकीपरों का अत्यधिक प्रभाव होता है। किसी समाचारपत्र अथवा सावधिक पत्रिका में इस शब्द का अर्थ (समाचार संपादक, मुख्य उपसंपादक) है जो यह निर्णय लेता है कि किस समाचार को प्रयोग करना चाहिए और किस समाचार का प्रयोग नहीं करना चाहिए।

घोस्ट राइटर : इस शब्द का प्रयोग उस लेखक के लिए किया जाता है जो दूसरे व्यक्ति के लिए सामग्री तैयार करता है। जनसम्पर्क व्यक्ति भी घोस्ट राइटर होते हैं।

गोइंग पब्लिक : वह प्रक्रिया जिसके द्वारा कोई कम्पनी जनता को स्टॉक जारी करती और बेचती है। इस प्रकार यह पब्लिक लिमिटेड कंपनी में परिवर्तित हो जाती है।

ग्रेपवाइन : वह भाषा जिसका प्रयोग कर्मचारियों के बीच सूचना देने के लिए किया जाता है और जिसे कम्पनी द्वारा आधिकारिक रूप से परिचालित नहीं किया गया है।

हार्ड कॉपी : वह सामग्री जिसे टाइपसेट सामग्री में परिवर्तन के लिए टाइप

किए हुए अथवा हस्तलिखित रूप में टाइपसेटर को भेजा जाता है।

हैंड आउट : लिखित प्रचार के लिए सामान्य शब्द।

एच.ओ. : होल्ड ओवर का संक्षिप्त रूप (स्थगन) अथवा निर्गत करने (प्रकाशन) के लिए रोकना। टाइपसेट कॉपी के लिए संदर्भ जिसे बाद में प्रयोग किया जा सकता है।

ह्यूमन इंटेरेस्ट : मानव के बारे में समाचार अथवा भावात्मक निवेदन परंतु जो कठोर समाचार न हो।

इमेज एसेंबली : स्ट्रिपिंग (सज्जा सामग्री को हटाने) काटने और सही स्थान पर रखने का वैकल्पिक शब्द, विशेषकर प्लेट के लिए ढकने वाले कागज पर फोटोग्राफ के नेगेटिव को व्यवस्थित करने के सम्बन्ध में प्रयोग किया जानेवाला शब्द।

इमेज : प्रभाव अथवा छाप जो किसी कम्पनी के बारे में जनता के मन में होती है।

इमेज सैटर : एक उच्च उत्पादन करने वाला उपकरण जो फोटोग्राफिक कागज अथवा फिल्म पर बिम्ब (Image) बनाता है जिसका प्रयोग प्रिन्टर, मुद्रण के लिए प्लेट बनाने हेतु किया जाता है।

इंस्टीट्यूशनल एडवरटाइजिंग : सभुगतान विज्ञापन जो कम्पनी के उत्पादों और सेवाओं के बजाए उसके विचारों अथवा नीतियों का संवर्द्धन करता है।

इंडेन्ट : हाशिए से कुछ दूरी पर सामग्री शुरू करना।

इन्सर्ट : सैटिंग (कम्पोज करने) के लिए पहले ही भेजे गए समाचार की बॉडी (body) में जोड़ी गई नई सामग्री।

इटैलिक्स : अक्षर वाले टाइप फेस जो रोमन अथवा ऊर्ध्वाधर (सीधे) अक्षरों के विपरीत दायीं ओर झुके हुए हों।

जम्प : समाचार को दूसरे पृष्ठ पर जारी रखना।

किल : समाचारों पर कार्रवाई करते समय किसी भी चरण पर समाचार सामग्री को हटाना।

लेआउट : चित्रों की व्यवस्था, पृष्ठ योजना।

लीड : समाचार की शुरुआत जो एक वाक्य, पैराग्राफ अथवा जटिलताओं पर आधारित अनेक पैराग्राफ हो सकते हैं। यह पहले पृष्ठ पर मुख्य समाचार भी हो सकता है। एक नया समाचार देने वाला संकेत।

लैगमैन : वह संवाददाता जो समाचार संग्रह करता है परंतु समाचार लिखता नहीं हैं; वह व्यक्ति जो समाचारों की खोज में घूमता

रहता है।

लेट न्यूज़ : वह समाचार जो प्रथम पृष्ठ पर छपने के लिए देर से प्राप्त (प्रेस में छपने के लिए अंतिम पृष्ठ) होता है परंतु इसे छपते-छपते कालम (stop-press column) में स्थान दिया जाता है।

लोवर केस : छोटे अक्षर।

लीफलेट : एक मुद्रित कागज जिसमें चार से छह मोड़ (तह) होते हैं और इस पर कम खर्च आता है।

लाइन आर्ट : मूल श्वेत-श्याम सामग्री जिसे बिंदुओं (dots) को विभाजित किए बिना पुनःप्रस्तुत किया जा सकता है।

लोगो : एक चित्रीय प्रतीक (graphic symbol) अथवा प्रतीकों का संयोजन और शैलीयुक्त अक्षर जो परिवर्णी शब्द (acronym) बनाते हैं।

मेक-अप : कंपोजिंग कक्ष में समाचार एकत्र करना, कलात्मक और प्रभावशाली रूप से पृष्ठ तैयार करने के लिए तैयार कॉपी रखने की कला।

मार्ग्यू : समाचार पुस्तकालय जिसे संदर्भ अनुभाग (reference section) भी कहा जाता है।

मस्ट : जब यह शब्द पांडुलिपि पर प्रयोग किया जाता है तब यह बताता है कि समाचार का प्रयोग (लिखा जाना) किया जाना जरूरी है। केवल अधिकृत संपादक ही मस्ट का उल्लेख कर सकते हैं।

मेक-रेडी : चित्रीय सामग्री प्रस्तुतीकरण की कापी (पांडुलिपि) अथवा मशीन से निर्माण।

माइलेज : वह भाषा जिसका प्रयोग कालम इंचों को बताने के लिए किया जाता है और जो प्रकाशित होने वाले किसी निश्चित विषय पर मुद्रण माध्यम में प्राप्त होती है।

नेमप्लेट : समाचारपत्र का नाम जो मुखपृष्ठ के ऊपर दिया जाता है।

ओबिट. : ओबिच्युरी का संक्षिप्त रूप। जीवन परिचय के साथ मृत्यु की घोषणा।

प्वाइंट : बुनियादी मुद्रण माप जो एक इंच के एक सौ बहत्तर भाग के लगभग बराबर होता है। 172 प्वाइंट टाइप ऊँचाई में लगभग एक इंच होता है।

पफ : प्रचार सामग्री, आमतौर पर इसे तेजी से रद्दी की टोकरी में फेंक दिया जाता है।

पुल : प्रूफ, क्योंकि प्रूफ को (जैसे कागज पर बेलन द्वारा) टाइप से खींचा जाता है।

पैम्पलैट : पुस्तिका अथवा ब्रोशर का लगभग पर्यायवाची।

प्रोएक्टिव पी.आर. : अपनी ओर से जनसम्पर्क जिसमें घटनाओं, परिस्थितियों अथवा स्थितियों का पूर्वानुमान किया जाता है, प्रायः आकस्मिक योजनाओं का निष्पादन, आक्रामक जनसम्पर्क के रूप में मूल रूप से नियोजित।

ओवरनाइट : इसे ओवरनाइट अथवा ओवरनाइटर भी कहा जाता है, अगले दिन के दोपहर बाद के समाचारपत्र के प्रथम संस्करण के लिए संवाददाता द्वारा लिखा गया समाचार अथवा पुनः लिखनेवाले व्यक्ति द्वारा निर्मित किया गया समाचार।

ओपन हाउस : वह अवसर जब कोई कंपनी अपने कर्मचारियों, ग्राहकों, आपूर्तिकर्ताओं अथवा पड़ोसियों को फैक्टरी का दौरा करने के लिए आमंत्रित करती है। वरिष्ठ प्रबंधक आमतौर पर अतिथियों के बीच परिपत्र परिचालित करते हैं।

पिक्स (पिक्चर्स) : किसी समाचार अथवा चित्र को दिया गया प्रदर्शन (display)।

प्लेट : मुद्रण के लिए प्रेस में लगी धातु में डाला गया टाइप अक्षर का पृष्ठ।

प्रोपेगंडा : मूलरूप से इसका अर्थ एक विश्वास का प्रसार करना, विचार का प्रचार करना है। अब इसका प्रयोग सही अथवा गलत विचारों को प्रोत्साहित अथवा विचारों को परिवर्तित करने के लिए किया जाता है।

पब्लिक्स : व्यक्तियों का कोई भी समूह जो अपने सामान्य हितों से बंधा हुआ है और जिसे जनसम्पर्क कार्यक्रम प्रभावित करना चाहता है; उदाहरण के लिए, भागीदार, ग्राहक, विधायक, मीडिया, कर्मचारी आदि। जनसम्पर्क कार्यों का प्राथमिक दायित्व लक्ष्य समूह को परिभाषित करना होता है।

पब्लिक अफेयर्स : सामान्यतौर पर इसका अर्थ सरकार और विधायी निकायों (legislative bodies) के साथ संगठन के सम्बन्धों से है।

पब्लिक सर्विस एडवरटाइजमेंट : जनहित में किसी संदेश के साथ विज्ञापन।

क्वोट्स : उद्धरण चिह्न (quotation marks), किसी व्यक्ति ने जो कुछ अपने शब्दों में कहा हो।

रिएक्टिव पी.आर. : तथ्य के बाद निश्चित परिस्थितियों, स्थितियों अथवा घटनाओं के प्रति प्रतिक्रिया व्यक्त करने की नीति। बुनियादी रूप से रक्षात्मक जनसम्पर्क।

रिइंफोर्समेंट : उन लोगों के दृष्टिकोणों और अभिमतों (विचारों) को सुदृढ़ करना जो एक निश्चित कार्य से सहमति व्यक्त करना चाहते हैं अथवा उस कार्य के प्रति प्रतिबद्ध हैं।

आर.ओ. (रिलीज आर्डर) : विज्ञापन जारी करने के लिए विज्ञापनदाता द्वारा प्राधिकार पत्र (authorisation letter)।

रेजोल्यूान : प्रति इंच बिंदुओं (dots) की संख्या (dpi) जिसका प्रयोग फोटोसंख्यांक (alphanumeric) अक्षर अथवा ग्राफिक्स बिंब को व्यक्त करने के लिए किया जाता है।

रिराइट मैन : समाचारपत्र अथवा एजेंसी के लिए एक लेखक (सामान्यतौर पर उपसंपादक) जिसका कुछ कार्य समाचारों को फिर से लिखना और संवाददाताओं के लिए मूल पांडुलिपि लिखना है जो टेलीफोन द्वारा नोट कराते हैं।

रिटेनर : उस संवाददाता के प्रयोग को बनाए रखने के लिए दी गई राशि जो हर समय जरूरी नहीं है कि कापी फाइल कर रहा हो।

रिवर्स : यह निर्देश देना कि ले-आउट कार्यों के लिए पिक्चर प्लेट विपरीत दिशा में बनाई जाए, दाईं दिशा बाईं पर और बाईं दिशा दाईं पर आए।

रिवाइज : अशुद्धियों को ठीक करने के बाद लिया गया दूसरा प्रूफ।

रन : संवाददाता का कार्य क्षेत्र।

रनिंग स्टोरी : किसी घटना का कालानुक्रम (धारावाहिक) समाचार।

रन ओवर : जम्प का दूसरा नाम अर्थात समाचार के एक अंश को एक पृष्ठ से दूसरे पृष्ठ पर ले जाने की क्रिया।

राउंडअप : एक व्यापक समाचार जो विभिन्न स्रोतों से एक जैसे विषय पर रिपोर्टों को मिला सकता है।

रन-आन : एक ही पैराग्राफ में प्रकाशित होने के लिए अवतरणों (passage) को जोड़ना। पूरी सूची को एक ही पैराग्राफ में रखना।

रश : जब कोई महत्त्वपूर्ण नया समाचार आता है तो उसे जल्दी

छापने का निर्देश दिया जाता है।

सैंपल : सर्वेक्षण की गई जनसंख्या का एक भाग। हालांकि यह अपेक्षाकृत छोटा होता है।

एस/सी : एक ही कालम

स्कूप : समाचारपत्र के लिए एक विशिष्ट समाचार जिसके लिए संवाददाता को कठिन परिश्रम करना पड़ता है।

सी कापी : प्रूफरीडर को मूल प्रति देखने अथवा उससे मिलान करने के लिए निर्देश।

शॉर्ट : एक संक्षिप्त समाचार अथवा पूरक समाचार।

शोल्डर : आमतौर पर यह शब्द समाचार के शीर्ष की ऊपरी पंक्ति के लिए प्रयोग किया जाता है जो एक ओर (बाईं तरफ) छोटे टाइप में लगाया जाता है और शेष समाचार का शीर्ष पहले की तरह बिठाया जाता है।

स्लाइड्स : एक दृश्य साधन (visual aid) जिसमें प्रत्येक पर्दे पर प्रक्षेपित चित्रों का प्रयोग किया जाता है।

साउंड स्लाइड : पर्दे पर एकसाथ प्रक्षेपित रिकार्ड अथवा ध्वनि टेप के साथ दृश्य और चित्र।

सोर्स : वह व्यक्ति जिसके पास संप्रेषित करने के लिए उपयोगी सूचना होती है और जिसके साथ मीडिया सम्पर्क करना चाहता है।

स्पेशल इवेंट : वह स्थिति अथवा घटना जिससे अभिमत प्रभावित होता है जैसे वर्षगांठ, स्वागत, भव्य उद्घाटन, खेलकूद की घटना, उत्पाद परिचय आदि।

सिनर्जिज्म : दो तत्वों की क्रिया। जब इन्हें मिलाया जाता है तो इनका प्रभाव स्वतन्त्ररूप से कार्य कर रहे दो तत्वों की अपेक्षा अधिक होता है।

सिस्टम : कंप्यूटर की कार्य प्रणाली। इसमें विविध कार्य और एक उन्नत प्रयोगकर्ता का अंतःसम्पर्क शामिल है।

टारगेट्स : कोई भी प्राथमिक समूह/श्रोता अथवा दर्शकगण जिनके पास संदेश पहुँचता है-जैसे अध्यापक, किसान, वैज्ञानिक, कर्मचारी, भागीदार आदि।

टाइप फोंट : एक ही फेस में, स्टाइल और आकार में अक्षरों का एक पूरा सैट जिसमें वर्णमाला के अक्षर, विरामचिह्न (punctuation)

और प्रतीक सम्मिलित होते हैं।

वेक्टर ग्राफिक्स : इसे वस्तुमूलक लेखाचित्र कला (object oriented graphics) भी कहते हैं और ये गणितीय रूप से परिभाषित वक्रों (curves) और रेखाखंड से बने होते हैं जिन्हें सदिश (vector) कहा जाता है।

विंडो एडवरटाइजमेंट : लागत बचाने के लिए पूरे विज्ञापन (उदाहरण के लिए रोजगार समाचार अथवा वेबसाइट में दिया गया विज्ञापन) का संदर्भ देते हुए, मीडिया में दिया जाने वाला लघु और संक्षिप्त विज्ञापन।

येलो जर्नेलिज्म : सस्ते प्रचार के लिए सनसनीखेज लेखन।

* *

शब्दावली

जनसम्पर्क अधिकारी के लिए अपने कार्य कुशलतापूर्वक करने हेतु कुछ मीडिया सम्बन्धी स्रोत पुस्तकें जरूरी होती हैं जिनका उल्लेख नीचे किया गया है :

सेंसस (जनगणना) : यह हर दस वर्ष बाद की जाती है। जनगणना में देश के निवासियों के व्यापक आंकड़े होते हैं। यह जनता के आकार, जनसंख्या, क्षेत्र, आयु, लिंग-अनुपात, साक्षरता स्तर, पारिवारिक आकार, धर्म, जाति आदि के बारे में सूचना प्रदान करती है।

वार्षिक आर्थिक सर्वेक्षण (Annual Economic Survey) : यह आंकड़े औद्योगिक सर्वेक्षण उपलब्ध कराते हैं जो सामाजिक-आर्थिक वर्गीकरण, आय और व्यवसाय पर आधारित होते हैं।

इंडिया ईयर बुक (India Year Book) : इस प्रकाशन को सूचना और प्रसारण मंत्रालय, भारत सरकार हर वर्ष प्रकाशित करता है। यह शासन (governance), जनसांख्यिकीय प्रगति आदि विभिन्न पक्षों पर पूर्ण आंकड़े प्रदान करती है।

आई.एन.एफ.ए. (आडिट ब्यूरो ऑफ सर्कुलेशन) : ''इंडियन न्यूज़ एंड फीचर्स एलायंस'' की इस वार्षिक पुस्तक में विभिन्न समाचारपत्रों और पत्र-पत्रिकाओं के सम्बन्ध में विस्तृत सूचना होती है। आंकड़ों में भारत के सम्बन्ध में बुनियादी जानकारी, प्रेस में 'हू इज हू' (who's who) विपणन और विज्ञापन की भी सूचना होती है। यह परिचालन (circulation) विभिन्न संस्करणों, यांत्रिक आंकड़ों और प्रकाशनों में मुख्य कार्मिकों की जानकारी भी प्रदान करता है।

ए.बी.सी. (आडिट ब्यूरो ऑफ सर्कुलेशन) : इसकी स्थापना प्रकाशकों और विज्ञापन एजेंसियों के समर्थन से हुई थी। यह अपने सदस्य प्रकाशनों के परिचालन आंकड़ों की निष्पक्ष और प्रामाणिक जानकारी प्रदान करता है।

आई.एन.एस. : इंडियन न्यूज़पेपर सोसायटी को भारतीय समाचारपत्र समिति भी कहा जाता है यह अपने सदस्य समाचारपत्रों के बारे में विस्तृत आधार सामग्री प्रदान करती है।

भारतीय समाचारपत्र समिति कुछ शर्तों पर विज्ञापन एजेंसियों को प्रत्यायन (मान्यता) प्रदान करती है। केवल वे ही एजेंसियाँ समाचारपत्रों से ऋण-लाभ प्राप्त करती हैं जो भारतीय समाचारपत्रों से मान्यताप्राप्त हैं।

भारत के समाचार-पत्रों के रजिस्ट्रार (Registrar of Newspapers for India) : सूचना और प्रसारण मंत्रालय के अंतर्गत भारत के समाचारपत्रों के रजिस्ट्रार पंजिका के संकलन के लिए उत्तरदायी हैं जिसमें ब्यौरा दिया होता है जैसे भारत में प्रकाशित होने वाले सभी समाचारपत्रों का स्वामित्व और परिचालन। इसके अतिरिक्त यह पत्रों, अखबारी कागज, मुद्रण और संबंद्ध मशीनरी (यंत्रों) के आयात और प्रमाणपत्र के आबंटन का अवलोकन करता है जिनकी आवश्यकता समाचारपत्रों के प्रतिष्ठानों को पड़ती है। इसके अतिरिक्त, यह प्रेस और पुस्तक पंजीकरण अधिनियम का भी अवलोकन करता है।

* *

परिशिष्ट

दैनिक समाचार-पत्र एवं परिचालन

आई.एन.एस. सदस्य

राज्य एवं केंद्रशासित प्रदेश

आंध्र प्रदेश

1.	आंध्र भूमि	सिकन्दराबाद	तेलुगु	33,641
2.	आंध्र ज्योति	विजयवाड़ा	तेलुगु	2,52,202
3.	आंध्र पत्रिका	हैदराबाद	तेलुगु	--
4.	आंध्र प्रभा	हैदराबाद	तेलुगु	3,34,409
5.	डेली हिन्दी मिलाप	हैदराबाद	हिन्दी	32,294
6.	डक्कन क्रोनिकल	सिकंदराबाद	अंग्रेजी	3,42,053
7.	एनाडू	हैदराबाद	तेलुगु	9,56,088
8.	प्लेज़	हैदराबाद	अंग्रेजी	53,350
9.	प्रजाशक्ति	हैदराबाद	तेलुगु	1,14,405
10.	रहनुमा-ए-डक्कन	हैदराबाद	उर्दू	26,090
11.	संचालन वार्ता पत्रिका लीडर	विशाखापट्टनम	तेलुगु	--
12.	सियासत डेली	हैदराबाद	उर्दू	41,597
13.	स्वतन्त्रता वार्ता	हैदराबाद	हिन्दी	--
14.	द मुनसिफ डेली	हैदराबाद	उर्दू	57,873
15.	वार्ता	हैदराबाद	तेलुगु	4,03,820
16.	विशालआंध्रा	विजयवाड़ा	तेलुगु	32,692

असम

1.	अग्रदूत (दैनिक)	गुवाहाटी	असमिया	--
2.	अजी	गुवाहाटी	असमिया	--
3.	अजीर असम	गुवाहाटी	असमिया	--
4.	अमर असम	गुवाहाटी	असमिया	76,458
5.	असमिया खबर	गुवाहाटी	असमिया	48,437
6.	असमिया प्रतिदिन	गुवाहाटी	असमिया	1,21,810
7.	असम ट्रिब्यून	गुवाहाटी	अंग्रेजी	59,228
8.	दैनिक असम	गुवाहाटी	असमिया	--
9.	दैनिक जुगसंखा	गुवाहाटी	बंगाली	--
10.	दैनिक सोनार काचेर	काचेर	बंगाली	44,884
11.	जन्मभूमि (दैनिक)	जोरहाट	असमिया	32,046
12.	न्यूज़ स्टार	गुवाहाटी	अंग्रेजी	--
13.	पूर्वांचल प्रहरी	गुवाहाटी	हिन्दी	20,583
14.	सेंटीनल	गुवाहाटी	अंग्रेजी	–
15.	सेंटीनल (हिन्दी)	गुवाहाटी	हिन्दी	–
16.	द फ्रंटियर सन	सिल्चर	अंग्रेजी	25,783
17.	द नार्थ ईस्ट टाइम्स	गुवाहाटी	अंग्रेजी	8,920

बिहार

1.	ऐजे.पटना	पटना	हिन्दी	1,58,367
2.	हिन्दुस्तान	पटना	हिन्दी	4,36,006
3.	नवभारत टाइम्स (पटना)	पटना	हिन्दी	-
4.	प्रातः कमल	मुज्जफ्फरपुर	हिन्दी	62,075
5.	दि हिन्दुस्तान टाइम्स (पटना)	पटना	अंग्रेजी	-
6.	दि टाइम्स आफ इंडिया	पटना	अंग्रेजी	-

चंडीगढ़

1.	दैनिक ट्रिब्यून	चंडीगढ़	हिन्दी	40,306
2.	देश सेवक	चडीगढ़	पंजाबी	--
3.	इंडियन एक्सप्रेस	चंडीगढ़	अंग्रेजी	-
4.	ट्रिब्यून	चंडीगढ़	अंग्रेजी	2,20,548

5.	ट्रिब्यून (पंजाबी)	चंडीगढ़	पंजाबी	66,191

छत्तीसगढ़

1.	अमृत संदेश	रायपुर	हिन्दी	65,758
2.	देशबंधु	रायपुर	हिन्दी	59,904
3.	नवभारत	रायपुर	हिन्दी	--

दिल्ली

1.	भारत भवन	नई दिल्ली	हिन्दी	41,262
2.	डेली एडुकेटर	नई दिल्ली	पंजाबी	34,319
3.	डेली मिलाप	नई दिल्ली	उर्दू	32,573
4.	डेली प्रताप	नई दिल्ली	उर्दू	-
5.	डेली तेज	नई दिल्ली	उर्दू	10,462
6.	दैनिक महालक्ष्मी भाग्योदय	दिल्ली	हिन्दी	81,613
7.	दिल्ली मिड-डे	नई दिल्ली	अंग्रेजी	46,372
8.	दिनकाल	नई दिल्ली	हिन्दी	-
9.	हिन्दुस्तान	नई दिल्ली	हिन्दी	1,46,960
10.	इन दिनों	दिल्ली	हिन्दी	--
11.	इंडियन एक्सप्रेस	नई दिल्ली	अंग्रेजी	--
12.	जदीद इन दिनों	नई दिल्ली	उर्दू	--
13.	जनसत्ता	नई दिल्ली	हिन्दी	-
14.	मनी मेकर्स	नई दिल्ली	अंग्रेजी	8,700
15.	न्यू इंडिया हेराल्ड	नई दिल्ली	हिन्दी	-
16.	परिवर्तन भारती	नई दिल्ली	हिन्दी	47,125
17.	पंजाब केसरी (दिल्ली)	दिल्ली	हिन्दी	2,98,468
18.	कौमी आवाज़	नई दिल्ली	उर्दू	-
19	कौमी पत्रिका	नई दिल्ली	हिन्दी	-
20.	राष्ट्र-का-विधान	नई दिल्ली	हिन्दी	-
21.	राष्ट्रीय सहारा	नई दिल्ली	हिन्दी	81,918
22.	सान्ध्य महालक्ष्मी भाग्योदय	नई दिल्ली	हिन्दी	56,671
23.	सान्ध्य टाइम्स	दिल्ली	हिन्दी	40,908

24.	दि एशियन एज़	नई दिल्ली	अंग्रेजी	2,44,317
25.	दि हिन्दुस्तान टाइम्स	नई दिल्ली	अंग्रेजी	9,60,008
26.	दि पेज	नई दिल्ली	हिन्दी	30,498
27.	दि पायनिअर	नई दिल्ली	अंग्रेजी	-
28.	दीज़ डेज़	नई दिल्ली	अंग्रेजी	-
29.	टुडे	नई दिल्ली	अंग्रेजी	-
30.	वीर अर्जुन	नई दिल्ली	हिन्दी	91,869
31.	व्यापार भारती	नई दिल्ली	हिन्दी	13,831
32.	व्यापार केसरी	नई दिल्ली	हिन्दी	-
33.	व्यापार उद्योग समाचार	नई दिल्ली	हिन्दी	71,137

गोवा

1.	गोमांतक	पणजी	मराठी	20,704
2.	गोमांतक टाइम्स	पणजी	अंग्रेजी	6,161
3.	नवहिन्द टाइम्स	पणजी	अंग्रेजी	33,843
4.	ओ हैराल्डो	पणजी	अंग्रेजी	36,057
5.	राष्ट्रमत	मरगाव	मराठी	

गुजरात

1.	अकिला	राजकोट	गुजराती	52,884
2.	अवध टाइम्स	अमरेली	गुजराती	72,185
3.	फाइनेन्शियल एक्सप्रेस (गुजराती)	अहमदाबाद	गुजराती	-
4.	गुजरात समाचार	अहमदाबाद	गुजराती	13,77,616
5.	गुजरात टुडे	अहमदाबाद	गुजराती	67,344
6.	गुजरात वैभव	अहमदाबाद	हिन्दी	-
7.	गुजरातमित्र एवं गुजरात दर्पण	सूरत	गुजराती	88,380
8.	हैराल्ड यंग लीडर	अहमदाबाद	हिन्दी	-
9.	जय हिन्द	राजकोट	गुजराती	81,385
10.	जनसत्ता लोकसत्ता	अहमदाबाद	गुजराती	53,320
11.	कच्छ मित्र	कच्छ	गुजराती	40,116
12.	लोकसत्ता जनसत्ता	बड़ौदा	गुजराती	48,274
13.	लोकतेज	सूरत	हिन्दी	-

14.	नया पडकर	आनन्द	गुजराती	-
15.	नोबत डेली	जामनगर	गुजराती	23,937
16.	फुलछाब	राजकोट	गुजराती	-
17.	प्रभात	अहमदाबाद	गुजराती	-
18.	सम्भव डेली	अहमदाबाद	गुजराती	76,182
19.	संदेश	अहमदाबाद	गुजराती	7,43,239
20.	सौराष्ट्र भूमि	जूनागढ़	गुजराती	60,816
21.	सौराष्ट्र समाचार	भावनगर	गुजराती	39,251
22.	सवेरा इंडिया टाइम्स	सूरत	हिन्दी	26,765
23.	दि टाइम्स आफ इंडिया (गुजराती)	अहमदाबाद	गुजराती	-
24.	वेस्टर्न टाइम्स	अहमदाबाद	अंग्रेजी	28,230

हरियाणा

1.	भारत जननी (हिन्दी डेली)	रोहतक	हिन्दी	-
2.	हक प्रस्थ	कैथल	हिन्दी	--
3.	हरि भूमि	रोहतक	हिन्दी	69,526
4.	जगत क्रांति	जींद	हिन्दी	--
5.	नित्य शक्ति टाइम्स	हिसार	हिन्दी	--
6.	समरघोष	सिरसा	हिन्दी	--
7.	तारा	फरीदाबाद	हिन्दी	--

हिमाचल प्रदेश

1.	दिव्य हिमाचल	कांगड़ा	हिन्दी	66,008
2.	हिमाचल सेवा	शिमला	हिन्दी	-

जम्मू एवं कश्मीर

1.	डेली एक्सेलसियर	जम्मू तवी	अंग्रेजी	1,75,805
2.	गिलिम्पसिज आफ फ्यूचर	जम्मू	अंग्रेजी	61,625
3.	ग्रेटर कश्मीर	श्रीनगर	अंग्रेजी	--
4.	क्श्मीर टाइम्स	जम्मू	अंग्रेजी	--
5.	स्टेट टाइम्स	जम्मू	अंग्रेजी	1,78,842

6.	तस्कीन	जम्मू	उर्दू	52,576

झारखंड

1.	आवाज़	धनबाद	हिन्दी	--
2.	बिहार ऑबज़रवर	धनबाद	हिन्दी	--
3.	चमकता आइना	जमशेदपुर	हिन्दी	--
4.	इंडियन पंच	छेवघर	हिन्दी	64,790
5.	प्रभात खबर	रांची	हिन्दी	1,23,053
6.	रांची एक्सप्रेस	रांची	हिन्दी	72,367
7.	राष्ट्रीय नवीन मेल	डाल्टनगंज	हिन्दी	63,778
8.	उदितवाणी	जमशेदपुर	हिन्दी	-

कर्नाटक

1.	आंदोलन दीनापत्रिका	मैसूर	कन्नड़	32,685
2.	डेली सलार	बंगलौर	उर्दू	43,577
3.	डक्कन हेराल्ड	बंगलौर	अंग्रेजी	1,54,560
4.	दीना सुदार	बंगलौर	तमिल	--
5.	ईई संजे	बंगलौर	कन्नड़	--
6.	होस दिगंथा	मंगलूर	कन्नड़	--
7.	जनतावाणी	देवांगरी	कन्नड़	--
8.	कन्नड़ प्रभा	बंगलौर	कन्नड़	62,773
9.	कर्नाटक टाइम्स	गोकाक	कन्नड़	--
10.	मैसूरू मित्र	मैसूर	कन्नड़	41,665
11.	प्रजा प्रगति	तुमकूर	कन्नड़	13,329
12.	प्रजावाणी	बंगलौर	कन्नड़	3,09,541
13.	संयुक्त कर्नाटक	बंगलौर	कन्नड़	1,43,696
14.	संजीवनी	बंगलौर	कन्नड़	--
15.	स्टार ऑफ मैसूर	मैसूर	अंग्रेजी	21,605
16.	सुद्धीमूला	रायचूर	कन्नड़	20,921
17.	तरुण भारत	बेलगाम	मराठी	1,20,254
18.	द एशियन एज़	बंगलौर	अंग्रेजी	--
19.	द केनरा टाइम्स	मंगलूर	अंग्रेजी	--
20.	उदयवाणी	मनीपाल	कन्नड़	1,89,352

21.	उत्तर कनार्टक	बिदर	कन्नड़	29,146
22.	विजय कनार्टक	बंगलौर	कन्नड़	2,81,891

केरल

1.	चंद्रिका डेली	कोज़ीकोड	मलयालम	--
2.	दीपिका	कोट्टायम	मलयालम	--
3.	देशाभिमानी	कोच्चि	मलयालम	2,66,384
4.	जन्मभूमि	कोच्चि	मलयालम	60,332
5.	केरल कौमुदी	तिरूअनंतपुरम	मलयालम	--
6.	मध्यमम डेली	कोज़ीकोड	मलयालम	--
7.	मलयाला मनोरमा	कोट्टायम	मलयालम	12,96,360
8.	मंगलम डेली	कोट्टायम	मलयालम	99,241
9.	माथरूभूमि	कोज़ीकोड	मलयालम	9,10,037
10.	राष्ट्र दीपिका	कोट्टायम	मलयालम	--
11.	सदर्न स्टार	तिरूअनंतपुरम्	मलयालम	44,919

मध्यप्रदेश

1.	आचरण	ग्वालियर	हिन्दी	-
2.	आचरण,सागर	सागर	हिन्दी	--
3.	अग्निबन	इंदौर	हिन्दी	1,01,405
4.	अपनी दुनिया	इंदौर	हिन्दी	37,166
5.	सेंट्रल क्रोनिकल	भोपाल	अंग्रेजी	--
6.	चेतना	रतलाम	हिन्दी	--
7.	चौथा संसार	इंदौर	हिन्दी	35,458
8.	डेली नदीम	भोपाल	उर्दू	--
9.	दैनिक अवन्तिका	उज्जैन	हिन्दी	--
10.	दैनिक भास्कर	भोपाल	हिन्दी	1,75,362
11.	दैनिक भास्कर	ग्वालियर	हिन्दी	67,725
12.	दैनिक भास्कर	जबलपुर	हिन्दी	1,02,462
13.	दैनिक नई दुनिया	भोपाल	हिन्दी	--
14.	दैनिक समय	सीधी	हिन्दी	--
15.	फ्री प्रेस जर्नल	इंदौर	अंग्रेजी	--
16.	इंदौर समाचार	इंदौर	हिन्दी	17,682

17.	जबलपुर एक्सप्रेस	जबलपुर	हिन्दी	--
18.	जागरण	भोपाल	हिन्दी	48,339
19.	नई दुनिया	इंदौर	हिन्दी	1,45,631
20.	नव स्वदेश	सतना	हिन्दी	33,728
21.	नवभारत	भोपाल	हिन्दी	93,779
22.	प्रभात किरण	इंदौर	हिन्दी	--
23.	प्रदेश टाइम्स	भोपाल	हिन्दी	--
24.	संध्या प्रकाश	भोपाल	हिन्दी	55,244
25.	स्वदेश	भोपाल	हिन्दी	51,230
26.	स्वदेश	इंदौर	हिन्दी	--
27.	स्वदेश	ग्वालियर	हिन्दी	--
28.	उर्दू एक्शन	भोपाल	उर्दू	--

महाराष्ट्र

1.	आज का आनंद	पुणे	हिन्दी	22,856
2.	अपला वारताहार	मुम्बई	मराठी	1,44,306
3.	आफ्टरनून डिस्पैच एंड कोरियर	मुम्बई	अंग्रेजी	--
4.	अमरावती मंडल	अमरावती	हिन्दी	32,340
5.	बॉम्बे समाचार	मुम्बई	गुजराती	1,07,303
6.	दिली एक्या	सतारा	मराठी	--
7.	दिली देशोनाटी	अकोला	मराठी	1,01,571
8.	डेली हिन्दुस्तान	अमरावती	मराठी	--
9.	डेली कुरशीवल	रायगढ़	मराठी	20,717
10.	दिली सागर	रतनागिरी	मराठी	49,815
11.	दैनिक राष्ट्रदूत	नागपुर	हिन्दी	87,496
12.	दैनिक सामना	मुम्बई	मराठी	1,02,900
13.	देवगिरी तरूण भारत	औरंगाबाद	मराठी	26,409
14.	देशदूत	नासिक	मराठी	38,556
15.	इकॉनोमिक टाइम्स	मुम्बई	अंग्रेजी	1,40,187
16.	फाइनेंशियल टाइम्स, मुम्बई	मुम्बई	अंग्रेजी	--
17.	फ्री प्रेस जर्नल	मुम्बई	अंग्रेजी	--

18.	ग्वाकरी	नासिक	मराठी	8,993
19.	हितवाद	नागपुर	अंग्रेजी	60,679
20.	इंडियन एक्सप्रेस	मुम्बई	अंग्रेजी	--
21.	जन्मभूमि	मुम्बई	गुजराती	--
22.	जनमाध्यम	अमरावती	मराठी	32,771
23.	कनार्टक माल्ला	मुम्बई	कन्नड़	23,176
24.	लोकसत्ता (मुम्बई)	मुम्बई	मराठी	--
25.	लोकमान्य सांजवार्ता	पुणे	मराठी	16,496
26.	लोकमत	अहमदनगर	मराठी	36,550
27.	लोकमत	औरंगाबाद	मराठी	2,19,255
28.	लोकमत	नागपुर	मराठी	1,43,547
29.	लोकमत	जलगाँव	मराठी	86,182
30.	लोकमत समाचार	औरंगाबाद	हिन्दी	22,425
31.	लोकमत समाचार	नागपुर	हिन्दी	1,50,323
32.	लोकमत टाइम्स	औरंगाबाद	अंग्रेजी	--
33.	लोकमत टाइम्स	नागपुर	अंग्रेजी	--
34.	महाराष्ट्र हेराल्ड	पुणे	अंग्रेजी	--
35.	महाराष्ट्र टाइम्स	मुम्बई	मराठी	2,47,079
36.	महासत्ता	इशलकरंजी	मराठी	25,450
37.	महाविदर्भ डेली	नागपुर	मराठी	21,785
38.	मिड-डे	मुम्बई	अंग्रेजी	1,36,018
39.	मिड-डे (गुजराती)	मुम्बई	गुजराती	37,342
40.	मुम्बई शोफर	मुम्बई	मराठी	2,38,634
41.	मुम्बई सकल	मुम्बई	मराठी	57,611
42.	मुम्बई तमिल टाइम्स	मुम्बई	तमिल	10,286
43.	मुम्बई तरुण भारत	मुम्बई	मराठी	27,860
44.	नवभारत	नागपुर	हिन्दी	--
45.	नवाकाल	मुम्बई	मराठी	--
46.	नवाशक्ति	मुम्बई	मराठी	--
47.	नवभारत टाइम्स	मुम्बई	हिन्दी	1,42,117
48.	प्रभात	पुणे	मराठी	23,422
49.	प्रतिदिन अखबार	अमरावती	हिन्दी	56,846
50.	पुधारी	कोल्हापुर	मराठी	2,18,498

51.	पुण्य नगरी	मुम्बई	मराठी	3,55,263
52.	रतनागिरी टाइम्स	रतनागिरी	मराठी	89,024
53.	सकल	कोल्हापुर	मराठी	70,783
54.	सकल	पुणे	मराठी	3,34,389
55.	सकल, नासिक	नासिक	मराठी	57,553
56.	समकालीन	मुम्बई	गुजराती	--
57.	संचार	शोलापुर	मराठी	--
58.	सांध्य आनंद	पुणे	मराठी	72,981
59.	सर्वमत	श्रीरामपुर	मराठी	18,646
60.	श्रमिक एकजुट	नांदेड़	मराठी	--
61.	तरूण भारत	नागपुर	मराठी	52,325
62.	दि इन्कलाब	मुम्बई	उर्दू	35,561
63.	दि केसरी	पुणे	मराठी	43,254
64.	दि टाइम्स ऑफ इंडिया	मुम्बई	अंग्रेजी	5,58,437
65.	दि उर्दू टाइम्स	मुम्बई	उर्दू	19,858
66.	यशोभूमि	मुम्बई	हिन्दी	1,12,574
67.	युगधर्म	नागपुर	हिन्दी	--

मणिपुर

1.	मणिपुर एक्सप्रेस	मणिपुर	अंग्रेजी	--
2.	पोकनाफाम	इम्फाल	मणिपुरी	--

मेघालय

1.	मेघालय गार्जियन	शिलांग	अंग्रेजी	7,118

नागालैंड

1.	नागालैंड पोस्ट	दीमापुर	अंग्रेजी	24,584

उड़ीसा

1.	अजिकाली	बालासौर	उड़िया	--
2.	अनुपम भारत	बरहामपुर	उड़िया	1,07,369
3.	धारित्री	भुवनेश्वर	उड़िया	1,75,054
4.	उड़िया टाइम्स	भुवनेश्वर	अंग्रेजी	--

5.	प्रगतिवादी	भुवनेश्वर	उड़िया	1,26,778
6.	प्रजातंत्र	कटक	उड़िया	1,17,317
7.	प्रतिदिन	भुवनेश्वर	उड़िया	--
8.	समाज (कटक)	कटक	उड़िया	1,83,583
9.	संवाद	भुवनेश्वर	उड़िया	2,13,636
10.	दि खोलद्वार	भुवनेश्वर	उड़िया	--
11.	दि समय	भुवनेश्वर	उड़िया	1,34,377
12.	उत्कल मेल	राऊकेला	उड़िया	81,772

राजस्थान

1.	अधिकार डेली	जयपुर	हिन्दी	--
2.	आधुनिक राजस्थान	अजमेर	हिन्दी	--
3.	अरूण प्रभा	अलवर	हिन्दी	--
4.	दैनिक लोकमत	बीकानेर	हिन्दी	2,27,000
5.	दैनिक उद्योग आसपास	सीकर	हिन्दी	33,917
6.	हिन्दू डेली	अजमेर	सिंधी	--
7.	जय राजस्थान	उदयपुर	हिन्दी	39,492
8.	जलते दीप	जोधपुर	हिन्दी	70,917
9.	जनगण	जोधपुर	हिन्दी	37,430
10.	लोक सम्मत	श्रीगंगानगर	हिन्दी	-- 11.
	नवज्योति	अजमेर	हिन्दी	3,03,845
12.	नवभारत टाइम्स (जयपुर)	जयपुर	हिन्दी	--
13.	प्रातःकाल	उदयपुर	हिन्दी	2,60,933
14.	राजस्थान पत्रिका	उदयपुर	हिन्दी	81,354
15.	राजस्थान पत्रिका	बीकानेर	हिन्दी	30,836
16.	राजस्थान पत्रिका	जयपुर	हिन्दी	1,88,766
17.	राजस्थान पत्रिका	जोधपुर	हिन्दी	1,18,226
18.	राजस्थान पत्रिका	कोटा	हिन्दी	74,741
19.	राष्ट्रदूत	जयपुर	हिन्दी	4,82,141
20.	समाचार जगत	जयपुर	हिन्दी	--
21.	संध्या ज्योति, दर्पण	जयपुर	हिन्दी	--
22.	सीमा संदेश	श्रीगंगानगर	हिन्दी	49,761
23.	तीसरा प्रहर	जोधपुर	हिन्दी	--

तमिलनाडु

1.	आफ्टरनून	कोयम्बटूर	अंग्रेजी	--
2.	अथिरस्तम डेली	मदुरई	तमिल	--
3.	डेली थानथी	चैन्नई	तमिल	7,14,910
4.	दिनाकरन	चैन्नई	तमिल	3,00,088
5.	दिनामलार	मदुरई	तमिल	5,61,649
6.	दिनामणी	चैन्नई	तमिल	1,39,046
7.	मलाई मालार	चैन्नई	तमिल	--
8.	मालाई सुदर	चैन्नई	तमिल	16,039
9.	मक्कल कुराल	चैन्नई	तमिल	--
10.	मलाई मुरासू	चैन्नई	तमिल	10,265
11.	मुरासोली	चैन्नई	तमिल	--
12.	न्यूज़ टूडे	चैन्नई	अंग्रेजी	30,092
13.	पिरपागल	कोयम्बटूर	तमिल	--
14.	दि हिन्दू	चैन्नई	अंग्रेजी	9,81,565
15.	दि मद्रास टाइम्स	चैन्नई	अंग्रेजी	--
16.	दि मद्रास टाइम्स (तमिल)	चैन्नई	तमिल	--
17.	दि न्यू इंडियन एक्सप्रेस	चैन्नई	अंग्रेजी	2,30,201
18.	थिना भूमि	मदुरई	तमिल	--
19.	थिना मूरासू	चैन्नई	तमिल	24,225
20.	त्रिनिती मिरर	चैन्नई	अंग्रेजी	--

त्रिपुरा

1.	दैनिक संवाद	अगरतला	बंगाली	66,760
2.	देशेर कथा	त्रिपुरा	बंगाली	20,165
3.	गणदूत	अगरतला	बंगाली	35,401
4.	संयनदन पत्रिका	अगरतला	बंगाली	68,899
5.	त्रिपुरा दर्पण	अगरतला	बंगाली	22,778

उत्तर प्रदेश

1.	अजे. कानपुर	कानपुर	हिन्दी	1,87,375
2.	अजे. लखनऊ	लखनऊ	हिन्दी	64,716

3.	अजे. वाराणसी	वाराणसी	हिन्दी	2,14,649
4.	अमर उजाला	कानपुर	हिन्दी	1,14,782
5.	अमर उजाला	आगरा	हिन्दी	1,46,294
6.	अमर उजाला	मेरठ	हिन्दी	1,86,222
7.	अमर उजाला	बरेली	हिन्दी	1,16,695
8.	अमर उजाला	मुरादाबाद	हिन्दी	58,274
9.	आवाज-ए-मुल्क	वाराणसी	उर्दू	36,924
10.	बिजनौर टाइम्स	बिजनौर	हिन्दी	64,591
11.	चिंगारी	बिजनौर	हिन्दी	43,503
12.	दैनिक जागरण	कानपुर	हिन्दी	2,25,683
13.	दैनिक केसर खुशबू टाइम्स	मेरठ	हिन्दी	16,000
14.	दैनिक लोकपथ	झांसी	हिन्दी	31,266
15.	दैनिक राजपथ	अलीगढ़	हिन्दी	--
16.	दैनिक सवेरा	ईटावा	हिन्दी	49,296
17.	गांडीव	वाराणसी	हिन्दी	--
18.	हालात-ए-वतन	वाराणसी	उर्दू	62,825
19.	हमारा युग	मेरठ	हिन्दी	--
20.	हिन्ट (हिन्दी)	गज़ियाबाद	हिन्दी	56,798
21.	हीरा टाइम्स	मेरठ	हिन्दी	--
22.	जागरण	झांसी	हिन्दी	34,277
23.	जागरण	वाराणसी	हिन्दी	1,10,723
24.	जनमोर्चा	फैजाबाद	हिन्दी	--
25.	लोक भारती	कानपुर	हिन्दी	--
26.	मेरठ समाचार	मेरठ	हिन्दी	20,737
27.	नव अमर भारत	मुरादाबाद	हिन्दी	--
28.	नवकर्मयुग प्रकाशन	बांदा	हिन्दी	35,635
29.	निष्पक्ष समाचार ज्योति	वाराणसी	हिन्दी	62,555
30.	न्यायाधीश	इलाहाबाद	हिन्दी	1,07,189
31.	प्रभात	मेरठ	हिन्दी	--
32.	राष्ट्रीय सहारा	लखनऊ	हिन्दी	42,290
33.	रोजनामा सफीर-ए-नव	इलाहाबाद	उर्दू	--
34.	सहाफत	लखनऊ	उर्दू	68,293

35.	सैनिक	आगरा	हिन्दी	--
36.	सन्मार्ग	वाराणसी	हिन्दी	--
37.	शाह टाइम्स	मुज्जफ्फरनगर	हिन्दी	92,580
38.	सियासत जदीद	कानपुर	उर्दू	55,862
39.	स्वराज्य टाइम्स	आगरा	हिन्दी	--
40.	स्वतन्त्रत भारत	लखनऊ	हिन्दी	82,708
41.	स्वतन्त्रत चेतना	गोरखपुर	हिन्दी	63,980
42.	दि पायनियर	लखनऊ	अंग्रेजी	--
43.	दि टाइम्स आफ इंडिया	लखनऊ	अंग्रेजी	74,228
44.	यू.पी. पंजाब समाचार	सहारनपुर	पंजाबी	32,264
45.	उजाला	आगरा	हिन्दी	--
46.	विकासशील भारत	आगरा	हिन्दी	--
47.	विश्व मानव	बरेली	हिन्दी	--

उत्तरांचल

1.	हिन्दी हिमाचल टाइम्स	देहरादून	हिन्दी	55,023
2.	दि हिमाचल टाइम्स	देहरादून	अंग्रेजी	54,618
3.	उत्तर उजाला	नैनीताल	हिन्दी	55,945

पश्चिम बंगाल

1.	आजकल	कोलकाता	बंगाली	1,40,113
2.	अख़बार-ए-मशरीक	कोलकाता	उर्दू	65,487
3.	अक्कस डेली	कोलकाता	उर्दू	55,516
4.	आनन्द बाज़ार पत्रिका	कोलकाता	बंगाली	9,50,436
5.	वर्तमान	कोलकाता	बंगाली	4,27,144
6.	बिकेलेर प्रतिदिन	कोलकाता	बंगाली	--
7.	बिज़नेस स्टैंडर्ड लिमिटेड	कोलकाता	अंग्रेजी	17,616
8.	छपते छपते	कोलकाता	हिन्दी	96,503
9.	दैनिक लिपि	आसनसोल	बंगाली	22,773
10.	गणशक्ति	कोलकाता	बंगाली	--
11.	जनसत्ता	कोलकाता	हिन्दी	--
12.	जनपथ समाचार	सिलीगुड़ी	हिन्दी	51,016
13.	कालान्तर पत्रिका	कोलकाता	बंगाली	56,652

14.	नवी प्रभात	कोलकाता	पंजाबी	32,498
15.	प्रशूनो	कोलकाता	अंग्रेजी	--
16.	पूर्वांचल भारत दर्पण	सिलीगुड़ी	हिन्दी	--
17.	संवाद प्रतिदिन	कोलकाता	बंगाली	2,78,674
18.	सांध्य आजकल	कोलकाता	बंगाली	17,443
19.	सन्मार्ग	कोलकाता	हिन्दी	1,07,656
20.	दि एशियन एज	कोलकाता	अंग्रेजी	65,658
21.	दि रोज़ाना हिन्द	कोलकाता	उर्दू	19,123
22.	दि स्टेट्समैन	कोलकाता	अंग्रेजी	1,60,175
23.	दि टेलीग्राफ	कोलकाता	अंग्रेजी	3,25,091
24.	उत्तर बंग संवाद	सिलीगुड़ी	बंगाली	1,33,086
25.	विश्वमित्र	कोलकाता	हिन्दी	92,648

* *

ग्रंथसूची

–पब्लिक रिलेशंस रिडिफाइंड

हाऊ पीआर कैन लीड ब्रांड्स इन इंडिया

रीचिंग दि नेक्स्ट बिलियन कस्टूमर्स, लेखक रोब हेच्ट, भारत की आईसीएफएआई यूनीवर्सिटी प्रेस में प्रकाशित, ट्रेंड्स इन आनलाइन एडवरटाइज़िंग

http://prmachine.bibgspot.com/2005/01/how-pr-can-lead-brands-in-india.html.

-इंडियन पी आर एजेंसीज़ गैट प्रोएक्टिव एंड हाऊ! लेखक हेटेल एडेसरा

(http://www.indiantelevision.com/perspectives/y2k4/indian_pr.htm)

-http://www.infoscouts.com/misc/Public-relations.htm.

-पत्रकारिता और जनसंचार पर इ.गा.रा.मु.वि. की पाठ्यक्रम सामग्री (अगस्त, 2004)

-ए गाइड टू पब्लिक रिलेशंस इन हरियाणा, 1990

-मास कम्यूनिकेशन इन इंडिया, केवल, जे.कुमार, 2005

-ब्लाग, लेटेस्ट इन पी आर टूल्स

(http://www.marketingterms.com/dictionary/blog/)

-एलिजाबेथ एल्ब्राच्ट की कमेंटरी आन द थ्योरी एंड प्रेक्टिस आफ आर्गेनाइज़ेशनल कम्यूनिकेशन्स

http://ringlog.typerpat.com/corporaterpr/2004/10/pr_in_india.html.

-Corporate PR http://ringlog.typerpat.com/corporaterpr/2004/10/pr_in_india.html.

-मार्गी फिशर द्वारा एक संपूर्ण स्टोरी पैकेज

(http://about publicrelations.net/unfisher.htm)

-एन वाइली, अध्यक्ष, वाइली कम्यूनिकेशंस इंक

http://about publicrelations.net/unwylie.htm.

-यूजिंग फोटोज एंड ग्राफिक्स फार पी आर

जोन स्टेवर्ट (http://about publicrelations.net/unstewart.htm)

-सक्सेसफुल प्रेस कांफ्रेंस-बलदेव सहाय अप्लाइड पब्लिक रिलेशंस इन दि इंडियन कंटेक्स्ट, संपादक सी.के. सरदाना, 1999

-जयश्री एन.जेठवानी, नरेंद्र नाथ सरकार, पब्लिक रिलेशंस, 2003

-आई.एन.एस. हैंडबुक 2004-2005

-प्रैक्टिकल पब्लिक रिलेशंस-सैम ब्लैक, 1987

-पी.आर. स्ट्रेटिजीज़ फार कार्पोरेशन कम्यूनिकेशन, अप्लाइड पब्लिक रिलेशंस इन इंडियन कंटेक्स्ट, संपादक सी.के. सरदाना, 1999

-राइट टू इन्फार्मेशन एक्ट, दि रीडिफ स्पेशन/शीला भट एवं जार्ज लिप, 20 अक्तूबर, 2005

http://us.rediff.com/news/2005/oct/20specl.htm? q=np&file=.htm.

-कैरियर इन पब्लिक रिलेशंस

http://www.webindia123.com/career/options/media/public/intro.htm.

-मुद्रण प्रक्रियाएं

http://www.piag.org/buyers/tips/printprocesses.html.

-जनसम्पर्क मूल्यांकन

http://www.mass com.au/mass/news/news6.html.

-माडल्स ऑफ इवेल्यूशन http://afroditiapostolidou.blogspot.com, 29 दिसंबर, 2005

-कारपोरेट कम्यूनिकेशंस ड्यूरिंग क्राइसेस, एस.आर.भारद्वाज, अप्लाइड पब्लिक रिलेशंस इन इंडियन कंटेक्स्ट-संपादक सी.के. सरदाना, 1999

-क्राइसेस मैनेजमेंट मूवमेंट्स आल अबाउट पब्लिक रिलेशंस विद स्टेवन आर वैन हुक

http://aboutpublicrelations.net/aa021701a.htm.

-इंफेक्टिव फर्स्ट स्टेप्स टू काउंटर ए क्राइसेस, एब रूटनबर्ग सरफॉस ए.बी. आर. कम्यूनिकेशन

http://aboutpublicrelations.net/ucruttenberga.htm.

-कटिंग ऐज पी आर लेखक किम हैरिसन

http://www.cuttingedgepr.com/articles_crisiscomm_dring.htm.

-एम.वी. कामथ प्रोफेशनल जर्नेलिज्म, 1982

-यूएनआईएफआईएन, 1982 यूएनआई, नई दिल्ली द्वारा जारी समाचार मद

* * *